Contents

子どもに昔話を！

第二部 子どもと昔話に寄せて

巻頭言

昔話の魅力

岩崎京子

一　出会い

昔話に出会ったのは、児童文学を志した頃で、昔話が童話のもとだと気づいたのです。

つまり昔話を勉強すれば、童話が書けるかと、単純に思いました。

その頃、児童文学の世界は、坪田《つぼた》譲治、小川未明、浜田広介《ひろすけ》の三巨頭が君臨していて、主流は「子どもはかわいい」という童心主義でした。私も、「本当だ、子どもってかわいい」と思って、その線で習作していました。

しかしその頃、大学生たち、ＯＢもいたかもしれませんが、つまり若者たちは、「子どもはかわいいだけではない」と宣言。造反です。彼らは戦後、雨後のタケノコのように、出てきた「書きますわよ」のおばさんも気にいりません。茶の間の我が子のスケッチで、ただただかわいい、甘いのを書いていましたから。

「情緒てんめんは駄目。叙事でいくべき」

すぐ人のいうことを聞く私は、叙事の勉強をはじめました。

いつ　どこで　だれが　何をした

これが文章の基本とすると、昔話はそれです。いつ—昔々、どこで—ある所で、だれが—浦島太郎が、何をした—カメを助けたとなります。浦島太郎を隣家の腕白のたあちゃんにすればいいんです。人生ぽっと出の童話の書き手は、「発見、発見」と欣喜雀躍《きんきじゃくやく》しました。

二　昔話の効用

昔の人に出会えます。

仏壇の古い位牌《いはい》のなんとか居士、ヒイヒイヒイヒイおじいさんて、どんな人だったのか、何を着、何をたべ、何をしてたのか、何が面白く、何がつらかったか、何がくやしかったか……。その生活と意見は、昔話を読めばわかります。

昔を知るという事では、歴史という分野もあります。歴史の場合、先生とか学者は、証拠のある事しか書かないし、いいません。証拠とは、為政者あるいは英雄の城とか屋敷、墓、日記や手紙などで、いい伝え、口碑、伝説は認めません。昔話もです。周辺の農民、漁民、商人たちの生活は、昔話でさぐるしかありません。

じつは去年いっぱい、そして今年にかけて私はトルストイ民話で悩んでいました。あの世界的大文豪のトルストイの民話を三、四年生向けにリライトしてほしいといわれました。私にですよ。それはトルストイへの冒瀆《ぼうとく》というものです。

私はロシア語が読めません。だから先輩たちの書かれたものからの子びき、孫びきです。『イワンの馬鹿』を私が書けば『いやん　ばか』になるでしょう。やっぱり駄目です。私は必死でことわりました。

でもその時、トルストイの民話観ってどんなものだったか気になりました。『戦争と平和』や『復活』など大部の傑作を書いたトルストイは、民話をどう思っていたか。そこで勉強をしてみようと思いました。そして重大な事に気がつきました。トルストイは民話こそ真実を大人にも子どもにも伝えられると、はっきりいっていました。

登場人物はロシアの農民ですが、町の人にも、外国人にもわかるよう、物語も単純明快、文章も簡潔、登場人物のキャラクターもはっきり。トルストイは全生涯かけて得た徳目、信仰、哲学をすべて投入していました。

三　昔話は生きている

「話者は人生をこめて語る」と、櫻井美紀さんは講演の中でいわれました。話者は話が自分の人生と交叉するところで熱が入り、話は深まっていきます。そこで聞いている者はぐっとひきこまれます。そういう事で、昔話は少しずつ形が変っていきます。

つぎのかたり手は、その変りようにとまどい、「原話はどうだったろう」と、先代の修飾をこそげ落とします。だから昔話は太ったり、やせたり……。私にはそれが、昔話が生きていて呼吸をしているように思えます。

こうして千年以上生きつづいている昔話があります。物語の展開が面白いのか、人間として大事なことをいってるからか、昔話はみんなの財産ですね。

時代の要求でも変っていくでしょう。一番例にあげられるのは「桃太郎」でしょう。多分この話は室町時代に原話は完成していたと思われます。それが江戸時代になって拡まりました。絵草紙という形です。

じつはその頃から批判もありました。黄表紙という大人向けの絵草紙などに、「その後の桃太郎」とか「八代目桃太郎」など、パロディーとして出て来ます。

第二次世界大戦中、桃太郎は一躍正義の戦士でした。私も、高峰秀子の桃太郎、榎本健一のサル、岸井明のイヌ、灰田勝彦のキジという配役のミュージカルを見ました。

そして戦後、新しいかたり手たちによって原話にもどされ、新しい桃太郎が生まれました。

地方によってはかたり手が小道具とかたべるものを、手近かなものに替えています。おむすびがトチのだんごになったり、キビのもちになったりは、聞いている子どもが理解し易いようにという配慮からでしょうか。地方色のあるかたりです。

そういう意味で、いろり、土間、すげ笠など、解説しなくては、現代の子にはわからないかもしれません。

こういう変え方はどうでしょう。

ある保育絵本の『赤ずきん』の最後の頁はオオカミが反省して、「ごめんなさい」となっています。仲直りの大団円です。

「残酷は幼時の精神衛生上わるいから」だそうです。

でも、『赤ずきん』の舞台の森が象徴するように、中世のヨーロッパは暗かったのです。

幼い子が一歩村から出たら（森へ迷いこんだら）、二度と帰れなかったのが現実でした。グリムはそれを物語にして伝えているのです。もし残酷を気にするなら、他の話を選ぶべきです。私はむしろ、恐怖、残虐などマイナーな情緒は存在理由があると思っています。子どもたちがそれをひとつひとつクリアーして行って、闇をのりこえてもらいたいのです。

大人は子どもたちに伝えたいことがいっぱい。

為政者が都合が悪くてかくそうとする事もタヌキやキツネの物語にして、それとなく残してくれています。お行儀とか礼儀などの徳目を教えるのは大人の責任なんですが、「勉強しろ」、「弱い者いじめをするな」と教訓を押しつけたら、子どもはひくでしょう。昔話の中にそれとなくひそめておくと、聞き手は笑いころげたり、どきどきしたり、思わず涙をこぼしたりで、気がつくと、いろんな世渡りの知恵を身につけていく事になります。

昔話は世間話、うわさ話です。

どの村にもかたり上手がいて、その家のいろりばたはいつも満員、話を楽しむばかりでなく、情報交換の場でもありました。テレビやラジオ、新聞のない時代、ニュースもここで知りました。村の外の情報は、旅の芸人、薬売りなどの旅商人、旅の僧侶などが持って来てくれます。文字を持たない人たちにとって、かたりがいかに大事であったか――

今も民話は生まれつづけています。落語に古典と新作があるように、明治以後のものは現代民話といわれています。新作はかたり手たちの手でみがかれた古典のようにいくつ残っていくでしょうか。

うちの文庫に来る子どもたちに、

「今、学校で休み時間とか放課後、何のはなししてるの?」

とリサーチしてみました。少し前になりますが、「トイレの花子さん」があがりました。

この話はよくできていて、センスがありますが、一〇年後、二〇年後かたりつがれているでしょうか。

私が小学生の頃「赤マント」が出没しました。女の子をねらって、首すじの血を吸うドラキュラみたいな怪人です。あまり皆知らないのです。私たちのエリア(世田谷区経堂)だけに出た局地的な話でしょうか。

じつは最近、ある雑誌に作家の宮部みゆきさんが、「父が子どもの頃赤マントが出た」というコメントを出していて、私はやっとほっとしましたが、こんな程度では「赤マント」は準古典民話としては失格でしょう。

四 子どもの心にとどく声の力

さて、昔話の伝え方として最高なのは、やはりかたりでしょう。今回遠野昔話ゼミナールでたっぷり聞かせていただき、それがよくわかりました。

ただ話を聞いただけでなく、かたり手の心がもらえました。櫻井美紀さんのいわれた「話者は人生をこめてかたる」のところなのでしょう。

私はかたれないので、聞いた話を家に帰って、テープ起こしをして、たて書きの文章にします。

その時、かたり手の笑顔や、目のかがやきに助けられ、いい気持ちで作文をするわけですが、できた文にがっかりすること度々。

行間に出てこなくてはいけない、あのかがやき、包みこむやわらかな味わいがぬけ落ちています。

これは文にまさるかたりの魅力、いえ魔力でしょうか。魅力より一段と強力なものです。例えば子守歌もそうですが、ただのねむらせ歌ではなく、子どもの心にとどいた時、静かに作用していくのでは？　声にはそんな力があります。

その声の力、かたりの力で、昔話はこれからも太りつづけ、生きつづけていくでしょう。

第一部

遠野昔話ゼミナール

（二〇〇六年一一月一一日・一二日、岩手県遠野市にて）

左から、佐藤誠輔、岩崎京子、高橋貞子、正部家ミヤ、櫻井美紀、渡部豊子、石井正己（遠野市立博物館提供）

子どもと昔話

石井正己

一　なぜ「子どもと昔話」をテーマにするのか

岩手県遠野市は、北上山地の南部に位置する地方都市ですが、明治四三年（一九一〇）に柳《やなぎ》田国男《たくにお》が発刊した『遠野物語』の舞台として有名になりました。一方、近年では「民話のふるさと」として知られるようになり、テレビでも、緑美しい自然があり、曲《まが》り家《や》の囲炉裏端《いろりばた》で語り部が昔話を語るイメージが定着したと思われます。

「むかす、あったずもな」と始まり、「どんどはれ」で終わる昔話の語りの形式も、広く知られるようになりました。来春からＮＨＫで放映される朝の連続テレビ小説は「どんど晴れ」というタイトルだそうですので、この言葉がいっそう有名になるのではないかと思っています。

遠野には豊かな自然が残り、古い文化が受け継がれてきましたが、一方では、近代化が急速に進んできて、遠野の生活は大きく変貌しました。遠野の人たちも現代を生きているわけで、古い生活だけしているわけではありません。こうした遠野の文化は、すでに江戸時代から新しい文化や情報をどんどん取り入れた城下町を中心に形成されたと思うのです。

『遠野物語』の一話には「山奥には珍らしき繁華の地なり」とありますが、これは遠野の独自性を考えるうえで、とても大事な指摘でしょう。遠野には、今でも古さと新しさを共存させることのできる風土が確かに残っています。そんな遠野でも、やはり生活がどんどん新しくなっていけば、昔話のいる場所はなくなってきました。

そうした際に新しく生まれたのが、観光と結び付いた語りの場でした。語る機会のなかった人々は語り部となって、そうした機会に、水を得た魚のように、昔話を披露してきたのです。今も語り部のみなさんが元気に活躍していますし、「いろり火の会」のみなさんもボランティアで活動しています。

しかし、これから二〇年、三〇年、さらには一〇〇年経ったら、どうなるのだろう、と考えてみます。そうしたことを思うと、わたしどもは次の時代に何をどう伝えていくのかということを、真剣に議論しなければならない時期にきているはずです。現状に満足するだけで、放っておいたならば、やがて昔話は消えてしまうかもしれません。

柳田国男をはじめとする民俗学者たちは、いずれ昔話は消えてなくなるから、できるだけ早く記録しなければならない、と言いました。その結果、日本全国から昔話が掘り起こされたことも事実で、その先駆者が『遠野物語』の話し手佐々木喜善《ささききぜん》だったのです。けれども、北川ミユキさんにしても、鈴木サツさんにしても、やはり昔話を語り継いでいこうとしたのです。

民俗学者は男性的な発想で学問を考えていましたが、こういう試みを実践した語り部は女性たちでしたから、女性の力によって、また新しい動きが起こってきたと言っていいと思います。これは運動とも言えないささやかな活動でしょうが、遠野で始まった試みを大事にして、次の世代へつなげていきたいと考えているのです。

　遠野の現状はそうですけれども、日本全国を見わたしてみても、今、昔話を語りたい、昔話を聞きたい、という動きがふつふつと出てきています。ただ、都会にはそういう昔話を語り継ぐ伝統がありませんので、児童館や図書館で語り聞かせや読み聞かせをするのに、迷っていらっしゃる方がたくさんあるのです。

　こういう語り聞くという人間の素朴な営みが、実はとても大事ではないか、と考えられはじめています。インターネットなど便利な技術が普及する一方で、人間性の喪失には著しいものが感じられます。しかし、人間は進歩しつつも、これまで人類がたどってきた長い歴史を精神史として宿していて、容易に忘れることができないようです。

　子どもたちはたぶん、人類のたどった原初的な精神性を持っているはずです。従って、昔話は人間の本質と深く関わるわけですから、子どもを育てていくときに、とても大事な営みになるのではないかと思われます。生活環境が変わって、昔話を語り聞く機会がなくなり、子育てをテレビやゲームに委ねてしまっているのは、やはり反省すべき現状ではないでしょうか。

　今回のこのゼミナールでは、大袈裟《おおげさ》に言えば、遠野はもちろん、日本における昔話の基盤を作りながら、人類が伝えてきた遺産をどうやって次の世代へ伝えていくのかを考えたいのです。これはまだだれも経験したことのない未来への実験ですが、その実験をみなさんといっしょに始めてみたい、と考えているのです。

　今日は「子どもと昔話」というテーマですが、今、このことについて何を考えているかということをお話ししてみたいと思います。わたくしは教育学部に勤めていますので、この問題は他ならぬわたし自身にとっても、とても重要な課題になるはずです。まだ勉強が不十分なので、初めの一歩という状態ですが、まずは前座を務め、次の櫻井さんの記念講演につなげたいと思います。

二　子どもの現状と課題――後藤総一郎「柳田国男と現代」から

まず最初に、後藤総一郎先生の書いた「柳田国男と現代」を取り上げます。先生は明治大学の教授でしたが、平成一五年（二〇〇三）年一月、六九歳でお亡くなりになりました。遠野に常民大学を置いて毎月通い、市民の学習に力を尽くされ、わたくしも大きなご指導をいただいてきたわけです。

この「柳田国男と現代」は、平成六年（一九九四）四月から一年間、『毎日新聞（日曜版）』に五〇回連載された記事です。これを先だって入力しましたので、近いうちに遠野物語研究所で本にしてもらうことになっています。もう一二年前の文章ですけれども、この連載はとても大事な問題に触れています。

例えば、今、世間を騒がせているのは、一つは高校生の、世界史を中心とした必修科目の「未履修」が多くの学校にある、ということで、教育現場では激震が走っているわけです。場合によっては、校長先生が生徒に対する責任を感じて自殺してしまうという、悲しい出来事も起こっています。

それと並行してもう一つ起こっているのが、「いじめ」による子どもの自殺です。文部科学大臣に、自殺の予告をする手紙が一通、二通と届いているそうです。一見、この「未履修」と「いじめ」という二つの出来事は、別々に起こっているように見えますが、これからお話しするように、決して無関係ではありません。

今、「教育基本法」の改正が議論されています。政治家は、法律を改正すれば事態は解決する、と思っているのかもしれませんが、そうではありません。制度ではなく、これは国民一人一人が自分のこととして考えなければならない問題であるはずです。不幸な出来事に眼《め》をつぶらずに、立ち止まって十分に議論することに、解決の糸口があると思うのです。

後藤先生は、平成六年七月三日から、「子どものフォークロア」を三回連載しています。「(上)」の冒頭に、こうあります。

少年たちの世界における、「いじめ」という不幸な行為が後を絶たない。
少年たちの心の世界におけるさまざまな抑圧が、そうした病理を育《はぐく》んだのだと、識者はいう。

「いじめ」の問題は今になって始まったことではなく、一二年前にもあったのです。しかし、過去の経験を忘れてしまい、その反省が全然生かされていないことがわかります。それを「病理」と呼んでいますが、この言葉はこの連載のキーワードの一つです。正確には、「心の病理」と言うべきかもしれません。

その理由として、まず、「学歴社会の一般化による、受験という競争の原理からの抑圧」を挙げています。子どもの「いじめ」が起こる背景に、受験競争があるというのです。受験競争というのは、まさに「未履修」の問題と関わります。一見ばらばらに起こっていることが、後藤先生の文章を置いて考えると、根が同じであることに気づきます。

二つめは、「一九六〇年代からはじまった、高度経済成長を支えた高速道路網の整備と一般化による、子どもたちの遊び場であった「路地裏」の喪失」を挙げています。確かにかつて子どもたちは、「路地裏」で遊んでいた。けれども、今は「路地裏」がなくなり、子どもたちは外に出なくなりました。

どこに行ったかというと、三つめに挙げた「テレビの一般化」に明らかです。子どもたちは学校から帰ると、家のテレビの前に釘付けになって、テレビゲームにふけっていく。さらに、今ではパソコンが家庭に普及し、インターネットやメールの中毒になっています。この一〇年間で普及した新しい機器は、携帯電話にしても便利ですが、子どもたちの精神生活を豊かにしているようには思われません。

後藤先生は、以上のようなことが重なって、遊びを失った子どもたちに生じた「病理」から、「いじめ」が起こっているのではないか、と言います。そこで、例によって、柳田国男の言葉を引くわけですが、昭和一七年（一九四二）の『こども風土記』で、「遊び仲間」について、こう言っていると指摘します。

第一には小学校などの年齢別制度と比べて、年上の子供が世話を焼く場合が多かった。彼らはこれによって自分たちの成長を意識し得たゆえ、悦《よろこ》んでその任務に服したのみならず、一方小さい方でも早くその仲間に加わろうとして意気ごんでいた。

同年齢の子どもたちが横並びで遊ぶのではなく、年上の子と年下の子が「路地裏」で遊んでいた。兄や姉が弟や妹の面倒を見たので、弟や妹は兄や姉のようになりたいと将来を思い描いたのが、かつての「遊び仲間」の上下関係だった。その中には、餓鬼《がき》大将もいたでしょうが、今では異年齢の子どもたちが喧嘩《けんか》をしたり、励ましたりしながら鍛え合う関係がなくなってしまったのです。

その結果、「小児の自治、かれらが自分で思いつき考えだした遊び方」がなくなりました。「小児の自治」とは、テレビゲームのような与えられる遊びではなく、子どもたちが自ら創意工夫する遊びの能力です。一見無駄な「路地裏」が「小児の自治」を育む豊かな場所だったということは、失ってみて、初めて気がつくことなのかもしれません。

七月一〇日の「(中)」では、「おもちゃ」について触れています。やはり『こども風土記』を引きながら、こう述べています。

まず最初の「おもちゃ」は、草や木の実や葉など「親も知らないうちに自然に調《ととの》えられる遊び道具」であり、次に「母や姉」の「物さしとか篦《へら》の類」をおもちゃとしたのであったという。(中略)そして第三のおもちゃとして「買うて与える玩具《おもちゃ》」をあげ、「これが現今の玩具流行のもとで、形には奇抜なものが多く、小児の想像力を養うには十分であった」と述べている。

例えば、「草笛」は原初的なおもちゃでしょう。「物さしとか篦《へら》」でチャンバラをした経験はだれにもあったはずです。その後に出できたのが「買うて与える玩具《おもちゃ》」で、「おみやげ」の「仮面とか楽器とか、または神社から出る記念品」に始まったと言います。子どもたちは次第に高度化するおもちゃを手にして、想像力を養ってきたのです。けれども、現在は、テレビゲームやパソコンなど、個人で楽しむ受動的な遊びばかりで、それでは子どもの「自治」や「想像力」が育つはずはありません。

七月一七日の「(下)」では、「かごめかごめ」などの「あてもの遊び」を取り上げています。今の子どもたちも、たぶん校庭で「かごめかごめ」をしているでしょう。柳田は別に、「かごめかごめ」は、なくし物やいなくなった人がいると、女性たちが一人を中に置いてぐるぐる回って、地蔵をつかせて尋ねる、「地蔵遊び」に由来すると述べています。大人の宗教行事が子どもの遊びに残ったと考えるのです。

「かくれん坊」も、鬼が隠れた人を捜すのですから、やはり宗教行事に原形があると考えられます。後藤先生は、そうした遊びによって、「創造力や想像力という情操を育《はぐく》む「右脳」を無意識のうちに発達させていったのであった」と指摘しています。「情操」が未発達のままに大人になるわけですから、「いじめ」が起こるのは当然でしょう。

実は、子どもたちは遊びで昔話を語り合うことがあるのです。「昔話の語り合いっこ」というのも、子どもの遊びの中にあったのです。子どもたちが親から聞いた話を休み時間に語り合ったことは、多くの証言があります。雨の日には、学校の先生が語らせたこともあったそうです。そういう幼いときの訓練が、やがて年取って語るときに生きるわけです。

後藤先生は、翌年（一九九五）の一月二九日にも、「「いじめ」フォークロア」で、「昨年の暮れ、「いじめ」による少年たちの自殺が相次ぎ、悲しい話題を投げかけた」と書いています。今起こっている「いじめ」による自殺は、わたしどもが忘れてしまっただけで、一二年前にもそういうことがあり、繰り返しなのです。

ではどうしたらいいのか、ということになります。柳田の教えるところを考えながら、戦後、教科書づくりに力を注いだことに注目して、『日本の社会』の「編集の趣意」にある、次のような言葉を引いています。

社会科は少数の優秀児童を相手にするのではなく、十人並みの選挙民をつくることを標榜《ひょうぼう》できる最も好適な世間教育ではないかと思う。

新しい教科である社会科は、学校に「世間教育」を持ち込む場になる、と考えていたことがわかります。「世間教育」というのは民俗社会の中で子どもを育ててきた教育であり、先の「遊び仲間」「おもちゃ」「あてもの遊び」も、みなそれに該当します。そして、民俗社会にあった子育ての中でも、とても重要なのが昔話ではないか、と考えているのです。今、「子どもと昔話」を取り上げる最大の理由は、その点にあります。

三 読み物としての昔話――柳田国男『日本昔話集　上』

柳田国男が日本の昔話を研究しはじめたときに、最初に書いたのは、昭和五年（一九三〇）の『日本昔話集　上』で、アルスという出版社が作った日本児童文庫の一冊でした。柳田は昔話研究の出発点で、子ども向けの話をどう書くかという問題と向き合ったのです。このことは、とても大事な問題です。

しかし、今、民俗学者は、子ども向けの本にほとんど見向きもしません。児童文学の方々が熱心に力を注いで、子どもたちに昔話のメッセージを伝えようと、絵本を書いたり、紙芝居を作ったりしてきたのです。大人が行う研究は民俗学、子ども向けの出版は児童文学という住み分けは、一見わかりやすいのですが、どちらにとっても不幸だと思われてなりません。

例えば、『日本昔話集　上』の「はしがき」で、まずこう言っています。

皆さん。この日本昔話集の中《うち》に、あなた方が前に一度御聴きになった話が幾つかあっても、それは少しも不思議なことではありません。なぜかというと、日本昔話は、昔から代々の日本児童が、常に聴いていた御話のことだからであります。

柳田はこの昔話集で、珍しい話ではなく、「常に聴いていた御話」を集めようとしたのです。それは、「今でも日本のどこかの隅で、どこかの家《うち》の小さな人たちが、聴いている話」だとも言います。ここには、基本となる「標準昔話集」を編もうという姿勢が顕著に見られます。ところが、大人たちは忙しくなって、ゆっくり色々な話をしていられなくなったので、たくさん話を知っている子どもがいれば、家によっぽど話し好きな人がいると感謝しなければいけないと注意します。昔話はだれもが均等に伝えるのではなく、多くの中からほんとうに話し好きな人だけが語り手になったのだ、とも言います。

また、「同じ一つの御話でも、何度も何度も覚えたり思い出したりしているうちには、自然に面白いと思うところが動いて行くのです」と説明します。その「面白いと思うところが動いて行く」というのは、下がかった話に流れたり、笑いが誇張されたりすることを言います。昔話にはテキストがありませんから、耳から聞いて、そして語るときの思いによって動いていく、まさに生き物だったのです。

そういった生き物である昔話を、民俗学者は一話一話記録しましたが、昆虫採集みたいに標本にしていったのです。けれども、あれはやっぱり死んだ標本であって、生きている昆虫ではありません。口伝えというのは生きている声で次々と伝えてゆくことで、標本を作ることではないのです。昔話はそういう生成や変容を受けながら生きてきたのだ、ということを、ここで再認識しておきたいと思います。

柳田は全国の児童が聴いているだろうと思うものを意識して集め、結局、一〇八話にまとめています。子ども向けの本にしては話の数が多いのですが、柳田にとって一〇〇は物事の基本となる数字でした。個別の話を楽しむのではなく、日本の昔話の全体像を知らせようとした本なのです。それによって、子どもたちがこれらの話を読んで、自分の知っている話とどれが同じで、どれが違うのかと考えさせようとしたのです。

この中には、次のような考えも書かれています。

殊に一番昔話らしいもの、即《すなわ》ち古い形のちっとでも多く残っているものを採るようにいたしました。それから新らしい形の最もよく整ったものを、四つか五つか其《その》中に加えて置きました。これが日本の昔話の両端であります。多分誰が見てもこの古いと新らしいとの区別は、すぐに分るであろうと思います。

この「新らしい形の最もよく整ったもの」というのは、その後、「世間話」と呼ばれるようになる話ですけれども。この本を読んで、「古いと新らしい」という「日本の昔話の両端」を考えてほしいと言いますが、それは「すぐに分る」と楽観しています。それにしても、ここには、昔話を考える子どもを育てたい、という思想が明白です。そのことは、「はしがき」の最後の、次の言葉にもはっきり出ています。

面白いことは、まるで同じかと思っている話が、いつの間にか少しはちがっていることであります。どこがどう違うかは読んで見ればすぐに気が付くでしょう。どうしてこんなに違って来たか、皆さんは大きくなってから、もう一度考えて御覧なさい。

柳田は、子どもを軽く見ていません。子どもはやがて大人になり、大事な文化を引き継ぐ人材だと考えていたことがよくわかります。「どうしてこんなに違って来たか、皆さんは大きくなってから、もう一度考えて御覧なさい」という部分には、子どもは小さな民俗学者であり、ごく普通の人でも、大人になってから学問的な関心を育んでほしいと願っていたことになります。それは、柳田流の「世間教育」だったはずです。

柳田はさまざまな資料を使って、子ども向きにわかりやすく書き直しています。その中には、遠野の佐々木喜善の編んだ『老媼夜譚《ろうおうやたん》』や『江刺郡昔話《えさしぐんむかしばなし》』もあります。例えば、「片目の爺《じい》」という話があります。「片目」というのは身体の不自由ですから、差別的な要素に対する扱いを慎重にしなければなりませんが、ここでは柳田の書き直しを尊重しておきます。

片目の爺

むかしむかし奥州の或《ある》田舎に、爺と婆が住んでいました。婆はちゃんと目が二つありましたが、爺の方は片目でした。ある日の晩遅くなってから、ばぁなばぁな今還《かえ》ったぞと言って、右片目の爺様が左片目になって帰って来ました。ははあ是《これ》は狐だなと婆様は思いました。爺なは又酔って来たな。酔って還るといつもの癖《くせ》で、俵さ入ろうというべなと言いますと、爺様はなにや又と言って、自分で俵の中へ入りました。俵さ入ると上から縄を掛けろというべなと言いますと、俵の中の狐の爺様は、なにや又と言っておとなしく縄を掛けられました。縄ぁ掛けると又いつもの癖で、火棚さ上げて燻《いぶ》せというべなとと婆がききますと、やはり狐の爺は何や又と言いました。それで囲炉裏の上の火棚へほうり上げて、どんどんと火を焚《た》いて狐を困らせました。それからわざと魚などを焼いて、いい香りをさせて婆一人で御飯を食べました。そうしているうちに右片目の、本物の爺が還って来ました。それで火棚の上の左片目の爺は、とうとう狐汁になってしまったそうであります（陸中）。

婆と狐のやりとりが実に見事で、三回の繰り返しもしっかりしています。これは、昭和二年（一九二七）に発刊された『老媼夜譚』の「五四番　左片目の爺々」を書き直したものですので、土淵の辷石谷江《はねいしたにえ》が語った話です。非常に読みやすいけれども、「ばぁなばぁな今還ったぞ」「爺《じい》なは又酔って来たな。酔って還るといつもの癖《くせ》で、俵さ入ろうというべな」などの会話には、遠野の言葉が残っています。

ただし、今の子どもたちがこの場面を想像するには、「俵」とか、「囲炉裏」とか、「火棚」とか、そういうものがわからなくなっているはずです。その難しさを克服するにはどうすればいいのでしょうか。絵本や紙芝居ではそれが描けるので、視覚的なイメージが使えて、とても便利です。けれども、わたしは絵の力を借りないで、口伝えで補いながらでも、子どもたちの想像力を豊かにできるのではないか、と考えています。

次に、「笠地蔵」の話を挙げました。今日お見えの児童文学作家の岩崎京子さんが『かさこじぞう』（ポプラ社、一九六七年）を書いていて、これは小学校二年生の定番教材になっています。ですから、今、日本中の子どもたちはみな、「笠地蔵」の話を知っているわけです。この話も、とてもいい話です。

笠地蔵

昔々ある村に、至って心の善い爺と婆とが住んでいました。爺は毎日編笠をこしらえて、町へ出て売って暮しを立てておりました。明日は正月という日にも笠を売りに出ましたが、暮の市だから笠などは少しも売れません。しかたがないので笠を背負って戻って来ると、ひどい吹雪の中で野中の地蔵様が、濡れて寒そうに立っておられます。是は御気の毒だと思って、六つある笠を六つの石地蔵様に著《き》せて上げました。そうして家へ来て婆に其話をして、何もする事がないから其まま寝てしまいました。そうすると年越しの夜の明け方に、遠くの方から橇《そり》を曳《ひ》く音がして、歌の声が聞えて来ました。

　六台の地蔵さ
　笠取ってかぶせた
　爺ぁ家はどこだ
　婆ぁ家はどこだ

斯《こ》ういって橇を曳く声が、段々と近くなって来るので、起き出して、ここだここだというと、戸の口へどっさりと、宝物の袋を投げ込んで置いて、六人の地蔵様が帰って行く後影が見えたそうであります。

ちょうど挿絵がありますので、ここに載せておきます。爺と婆が戸口から見ると、雪の積もる中帰っていく地蔵様の後ろ姿が描かれています。それに、爺が売ろうとした笠や宝物の袋もあります。この挿絵を描いたのは、サインがあるように、岡本帰一です。実にいい挿絵だと思いますね。岡本帰一は塗り絵などで有名ですが、やはり優れた挿絵画家でもあって、昔話の結末の一瞬を、見事に描いていると思います。なお、『改訂版日本の昔話』では、大正一一年（一九二二）に発刊された『江刺郡昔話』に拠るとしますが、疑問であることを言い添えておきましょう。

笠地蔵

四　昔話のイメージと絵本――「かちかち山」の対称性

子どもたちに昔話を教えようとするときに、一〇年くらい前、「ほんとうは怖いグリム童話」などという類書が話題になったことを思い出します。グリムの童話の中には残酷な場面がたくさんあり、日本の昔話の中にも見つかると指摘されたのです。

その残酷的だとされた代表的な話に、「かちかち山」があります。江戸時代には「兎《うさぎ》の手柄《てがら》」「兎大手柄」と呼ぶのが普通でしたが、明治時代になると、「かちかち山」が一般的になります。ここでは、できるだけ古い絵本がいいと考えて、江戸時代の赤本《あかほん》『〔兎大手柄〕』（大東急記念文庫蔵）を取り上げてみます。

野良で働く爺が、婆の届けた団子を食べていると、団子を穴に落としてしまいます。「地蔵浄土」などの発端と同じですね。爺が団子を取ろうと穴を掘ると、そこから大きな古狸《ふるだぬき》が出てきます。そこで、爺は狸を縛って、「明日の晩は狸汁をしましょう」と言って、家に持ち帰ります。今、「狸汁」はお話で作られた要素のようですが、恩徳《おんどく》の三浦徳蔵さんに聞いても、江戸時代の文献を見ても、日本人は長い間、狸を食べてきたのです。中世には市場で売られていたという話もあります。ですから、われわれが忘れているだけで、特に日本の山村では、狸汁は普通に食べていたと思われるのです。

狸汁は大根や牛蒡《ごぼう》を入れて臭《くさ》みを除きながら、味噌で仕立てて食べたそうです。軒につるされた狸は、爺が野良へ出た留守に、「婆様、わしは何の実になりますの、大ぶん痛い、縄を解いて下さい、麦を搗《つ》いて進じょう」と言って、婆をだまします。「麦搗き」は夏の季語ですから、この場面は夏の出来事として語られたと思われます。

婆は「われは汁の実になるぞ、可哀《かわい》や、せつなかろう」と言います。この一瞬の同情ゆえに、自分が殺されることになるわけです。婆が縄を解いて麦を搗かせたら、そのまま婆を打ち殺し、汁に煮ておきます。「婆汁」になるというのは、確かにグロテスクかもしれません。しかし、この赤本は、狸が婆を殺す一瞬は絵画化していません。

野良から帰った爺は、婆に化けた狸に、「婆汁」を食べさせられるわけです。爺は「この汁は婆臭い。不思議な事だ」と不審がります。狸は「婆食らいの爺奴《じじいめ》、流しの下の骨見ろ」と言って、山へ逃げます。婆の骨は、確かに流しの下に描かれています。

この「かちかち山」は、これまでも多くの児童文学作家が絵本にしてきました。しかし、松谷みよ子さんも『かちかち山』（ポプラ社、一九六七年）では、爺に婆汁を食わせる場面を削除し、「残酷さが、幼い日の印象となってのこっている」と述べています。婆の殺害以上に抵抗感の強い場面なのでしょう。ただ、先の柳田の言葉を借りれば、グロテスクな興味が強くなると、こういう場面が生まれるにちがいありません。

後半は、泣いている爺のところに兎が現れて、代わりに仇討《かたきう》ちを引き受ける話になっていきます。最初の仇討ちは、火打ち金と火打ち石で、狸に火傷《やけど》をさせるわけです。狸が「何をかちかちさっしゃる」と尋ねると、兎は「ここはかちかち山さ」と答えます。話名を「かちかち山」と呼ぶのは、このやりとりに由来します。

次は火傷をしたところに蓼汁《たでじる》を付ける場面で、これが二番目の仇討ちです。次に木舟に乗る兎が狸を土舟に乗せて殺す場面があり、三番目になります。おもしろいのは兎が溺《おぼ》れる狸を櫂《かい》で打つところで、木舟の旗には、「うさぎ大てがら」と書かれています。江戸時代、この話が「兎大手柄」と呼ばれたのは、この場面に拠ります。

こうして見ると、狸が婆を殺して婆汁にしたのと対応するのは、爺の代わりに兎が狸に火傷を負わせ、蓼汁を塗り、土舟で沈めて殺したことになります。われわれは人間の立場でこの話を見るので、つい残酷だと感じます。しかし、狸だったら、やはり殺されたくないですから、婆をだましてでも生きる術《すべ》を考えるはずです。

まずもって、人間と動物には生きるか死ぬかの格闘があったことを考える必要があります。昔話にはそうした狩猟精神が根底にあり、そこでは人間もただの動物にすぎません。残酷かどうかではなく、動物同士の間に生きるか死ぬかの格闘があったのです。そういう凄《すさ》まじい関係からこの話ができたと考えれば、残酷という判断自体が人間中心的なおごった認識ではないかと思います。

残酷だと言われるのは、婆を殺害する場面が描かれているからです。例えば、江戸時代の赤本『かちかちやま』（東洋文庫蔵）では、狸は「われらつき申すべし、こぼれしを拾いたまえ」とだまして、婆に麦を拾わせます。そして、臼《うす》の上に乗った狸が婆を杵《きね》で搗き殺すのですが、その一瞬が描かれています。先の『〔兎大手柄〕』では描かなかった殺害の場面がリアルです。同じ赤本でも、この点は大きく違っています。殺害を描くか描かないかという問題意識は、すでに江戸時代から存在したのです。

でも、よく考えなければならないのは、婆の殺害は狸の殺害と対応するということです。杵と対応するのは櫂です。昔話は人物や出来事を見事に対称化しますから、婆の殺害だけを取り上げて残酷だと強調するのは、やはりまずいと思います。ただし、婆の殺害を描くか描かないかは、江戸時代から現在まで大きな問題になってきたことも事実です。

明治時代には、ここをグロテスクに描きたいという欲望が強くなったようです。例えば、明治二一年（一八八八）の『かちかち山』（小林新吉、国立国会図書館蔵）には、狸が手拭で婆を絞《し》め殺す場面をリアルに描いています。この描写は、錦絵新聞の影響を受けているのではないかと思われます。

しかし、昭和二六年（一九五一）の『かちかち山』（トモブック社）では、婆が頭に包帯をして布団《ふとん》に寝ていて、泣いている爺に兎が手をかけて慰めています。「たぬきは　おばあさんのおてつだいもせずに　かえって　おばあさんをいじめて　おやまへにげていってしまいました」とします。戦後になると、婆は死なないのです。

ここにはもう、動物の生きるか死ぬかの格闘という緊張感はまったくなくなっています。婆は怪

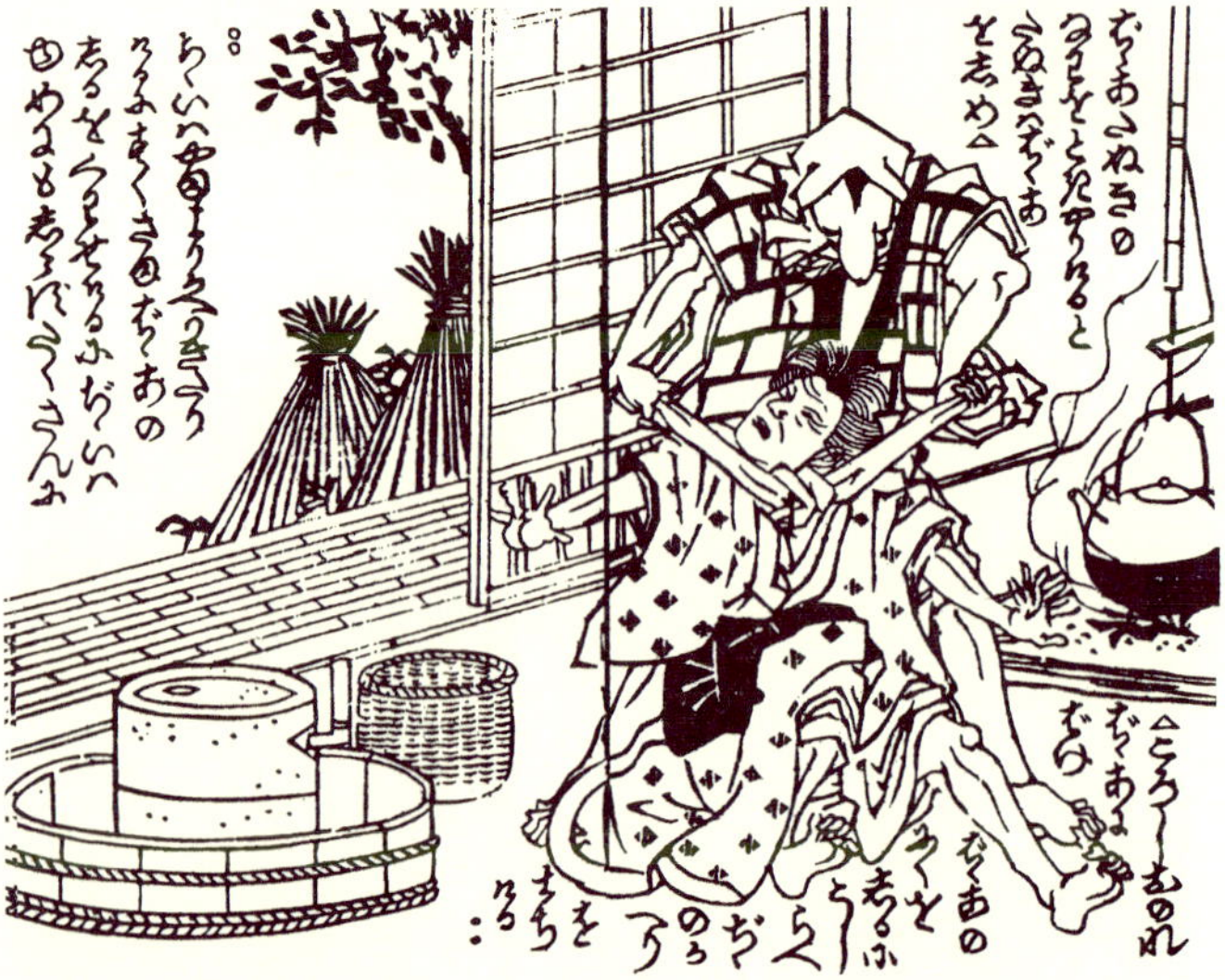
『かちかち山』（小林新吉、国立国会図書館蔵）

我をしただけですから、話の結末は、当然のことながら、兎にこらしめられた狸は、婆の所へやってきて謝り、婆と狸は仲良くなった、となるはずです。婆の怪我と狸の謝罪は、これはこれで見事な対称化だと言えましょう。

昔話は残酷だというので、こういう緩やかで、ほのぼのとした話になってしまうのです。けれども、ほんとうにそれでいいのだろうかと思います。もちろん、子どもに向かって、わざわざグロテスクに語れと言っているわけでもありませんし、仇討ちを勧めようと言っているのでもありません。本当に残酷かという内実をちゃんと考えてみたいのです。

こうした無理解な弛緩《しかん》が行われると、昔話が大切にしてきた動物の本能を抹殺してしまうのではないかと感じるのです。この話には、動物の格闘とともに、兎が爺の仇討ちを肩代わりするという援助も見られます。仇討ちという発想は、近代の法制度で否定されましたが、人間の精神にやみがたく存在することも確かです。

昔話の中には、動物的な人間の原初的な考え方がよく残っています。われわれの心の底に眠っている考え方が、そこにはあるのでしょう。それを、あまりきれいごとにせずに子どもたちに伝えておく必要があると思っているのです。絵本や紙芝居は絵画化を強制されますから、殺害の場面を強調したり、殺害の場面を削除したりということが生じます。

けれども、昔話の語り聞かせでは、子どもたちはそういう場面を想像していくだけです。そのときに、「狸がお婆さんを殺した」と言っても、「お婆さんが血を流しました」というような話にはなりません。これがテレビドラマの殺害場面とは決定的に異なります。昔話には、実はそうした描写はまったくありません。

子どもたちは言葉で聞いた場面を想像して、それを素直に受け止めていきます。昔話を聞いた子どもたちが暴力的になることは、まったくないと思うのです。昔話を聞くと暴力的になるのならば、「かちかち山」を聞いてきた日本人は、みんな殺人者になったはずですが、そんなことはありません。むしろ、人間を含む動物の持っている原初的な思考を知るには、昔話が最も良い題材ではないか、と考えているのです。

昔話は残酷かという問題は早く、マックス・リュティ著・小澤俊夫訳『昔話 その美学と人間像』（岩波書店、一九八五年）で考察されたことが、広く知られています。マックス・リュティは、それを「メルヒェン独特の、極端性という様式の結果である」と述べています。この指摘は、日本の昔話においても共通することは、ここに見てきたとおりです。昔話は残酷かという問題は、実に昔話の本質と深く関わっているのです。

五 昔話の未来のために――観光と教育のはざまで

最後に、遠野の現状に即しながら、昔話の未来のためにどうするかということを考えたいと思っています。そのためには、これまで昔話を語り継いできた環境が、どのように変わってきたのかを十分認識しておく必要があります。

一つは、遠野でも戦後、昔話を語り伝える機会がなくなりました。囲炉裏が消え、炬燵《こたつ》やストーブが出てきます。今ではエアコンや床暖房が現れ、暖かく暮らせるようになりました。火は暖や灯りを取り、煮炊きをするために、人間が寄り集まる場所でしたが、家庭の中に電灯はあっても、家族が寄り集まる場所がなくなったように思われます。

　二つめには、農作業の形態が大きく変わってきたことを考えなければなりません。簡単に言うと、手作業でしかできなかったことが、どんどん機械化されて、便利になりました。その結果、専業農家はなくなっていき、兼業農家が中心になりました。やがて農業は本業の片手間になっていくという動きが起こります。これは、遠野に限らず、日本中至る所で起こったはずです。

　三つめには、娯楽の質が変わったことを挙げねばなりません。かつての家庭には歌や昔話、なぞなぞなどしか楽しみがなかったのに、ラジオやテレビなどおもしろいものが入ってきました。もちろん、近代化は明治時代になってから初めて起こったわけではなく、江戸時代からすでに始まっています。遠野は城下町ですから、上方や江戸の文化をいち早く入れていて、驚くほどの水準に達していたと思われます。

　四つめには、家族構成の変化を指摘したいと思います。三世代が同居していると、お父さんお母さんは忙しいが、隠居したお祖父さんお祖母さんが孫の世話をしたのです。そういう中で、子どもは昔話を語り聞かされながら寝たのです。そういう家族構成がなくなり、今はお祖父さんお祖母さんと一緒に暮らしたことのない子どもがたくさんいます。

　そこでは、高齢化社会と言われながら、人間が年老いて、やがて死んでゆくということを家庭の中で一緒に経験できません。それは大きな問題だと思うのです。昔話を聞けないだけでなく、子どもが成長してゆくのと同時に、一方では老人が死んでゆくという人生の原理を実感することが困難だからです。

今、昔話を取り巻く環境が大きく変わってきたことを挙げました。さらに考えなければならない要素は、他にもあるでしょう。その結果、昔話なんて、もう古くて貧しいものだと考えて、語る機会を失っていったのです。それは、遠野に限らず、日本中で起こった現象だったと思われます。そうした事態を前に、民俗学者は緊急調査を進めて、日本中から埋もれていた昔話を発掘したのです。

けれども、遠野では、観光ということに結び付きながら、鈴木サツさんや北川ミユキさんが昔話を語りはじめます。ミユキさんは家に来る人に語りましたけれども、サツさんは家だけでなく、民宿や旅館へ行ったり、日本全国を歩いて語ったりしたのです。観光という新しい語りの場を作った点で、遠野は際立って早かったと言えましょう。

遠野では、図書館・博物館はじめ、伝承園、とおの昔話村、ふるさと村などの施設を造って、昔話を語る環境を整えてきました。次の課題は、実はすでに土淵小学校などで始まっているのですが、わたしは遠野の子どもを育てる教育の中で、この昔話という財産を最大限に生かせないかと考えています。遠野らしい教育を創るのならば、大きな財産は郷土芸能と昔話だと思うのです。

今、鈴木サツさんの「お月お星」を取り上げてみます。これは、継母《ままはは》が継子をいじめる話です。最初にお話ししたことに戻り、「いじめ」の問題を昔話で考えてみたいのです。お月・お星という仲のいい姉妹がいましたが、お月は先妻の子、お星は後妻の子でした。継母は、お月がいなかったら、わが子お星をかわいがるのにいいと思って、殺意を抱くわけです。

継母は、最初に毒饅頭《どくまんじゅう》を食わせようと考えます。その時に、わが子のお星が食べたら大変なので、事前に、今夜、お月に毒饅頭を食わせるので、姉の饅頭を食べるなと注意するのです。ところが仲の良い姉妹ですから、お星は母のくれる饅頭を食べてはいけないとお月に言い、お月は助かります。継母が翌朝、姉妹を呼ぶと、二人は「はあい」と言って起きてくる。継母はお月が死んでないので、びっくりするわけです。

二番目には、継母がお月を梁《はり》から槍《やり》で突こうとすると、それを聞いたお星が、自分の所に来て寝ろと言って、代わりに小豆俵を置いておきます。継母は、お月と思って、小豆俵をぶつっぶつっと突きます。だんだん殺意が強くなっていき、狂気の状態でしょう。しかし、継母が翌朝、姉妹を呼ぶと、また「はあい」と言って起きてくる。

昔話は出来事を三回繰り返しますが、三番目には、お月を箱に入れて山へ捨てるわけです。お星は、餅と団子を作らせ、豆と米を煎《い》らせて、箱に小さな穴を開けさせて、お月に芥子《けし》の種を渡します。それを穴から落としておけば、来年花が咲いたら尋ねていくと話すのです。翌春、お星は花を尋ねて、「姉っこいえー」と呼ぶと、「ほおい」とお月の返事があったので、土を掘って助けます。そして、里の大きな家で助けられ、二人は暮らします。

旅に出ていた父が帰ると、子どもたちがいないので、六部になって旅するうちに目が見えなくなります。「お月お星あるならァ、どうしてこの鉦叩《かねはた》きましょう」と言って、偶然二人の暮らす家を訪ねます。二人は父に再会して、その右目にお月の涙が入り、左目にお星の涙が入ったら、両目が開く。開眼の奇跡が起こるわけです。

その後、サツさんは二種類の結末を語っていました。一つは、三人が家に帰ると、継母が「お月さん、もうすわけけね」と謝る話です。継母は目が見えなくなっていましたが、お月の涙が目に入って見えるようになり、姉妹は親孝行したと結びます。サツさんは、晩年、この結末を好んで語ったそうです。両者が和解して、めでたしめでたしになるというのは、先の『かちかち山』(トモブック社)と同じことに気がつきます。

しかし、サツさんが父菊池力松に聞いた話は、そうではありませんでした。父が囲炉裏の釜の蓋《ふた》を取って覗《のぞ》いたら、中に入って太陽になり、お月が覗いたら、中に入ってお月さまになり、お星が覗いたら、やはり中に入ってお星さまになった、と語ります。一方、継母はモグラモッ(土竜《もぐら》)になってしまうわけです。明と暗、天上と地下に分かれるのですが、天体の起源になることからは、昔話が神話の末裔《まつえい》であることがよくわかります。

わたしは、鈴木サツさん、正部家《しょうぶけ》ミヤさん、菊池ヤヨさん、須知ナヨさんら子どもたちが、幼いときに、この話を何遍も聞いたことが大事だと思うのです。継母にいじめられても、継子のお月には堪え忍ぶ力があります。そして、実子のお星には姉を助けるやさしさがあります。実は、この話を通して、「いじめ」に負けない強さと、「いじめ」を許さないやさしさ、その二つを子どもたちは身にしみて感じるはずです。

こんな話はつまらないと言って捨てるのではなく、子どもたちの「情操」を養うために語り継ぐ必要があるはずです。こういう話をちゃんと聞いた子どもは、けっして「いじめ」をしません。「いじめ」とはどういうことかをよく知っているからです。「いじめ」を受けても、辛抱する力があるはずです。もし「いじめ」を受けた子がいれば、助けるはずです。子どもたちは、こういう話の中から、そうしたことをしっかり学ぶのです。

わたしは、「教育基本法」を改正することよりも、子どもたちがこういう話を身にしみるほど聞くことこそが、「いじめ」をなくすための、最も大きな力になるのではないかと考えています。道徳の時間を使って、どんなに「いじめ」はいけないことかと教えても無駄なのは、それでは心の底からそう思うことがないからです。こうした昔話こそ、柳田の言う「世間教育」なのではないかと思います。そうした教育が、この遠野ならばまだできるでしょうし、それが実践されれば、全国への熱いメッセージになるはずです。

昔話は伝統的なものだから、子どもたちに伝えなければいけないというのは、誤りではありません。しかし、それ以上に、昔話は現代社会において大きな力になると思うので、ぜひ子どもたちに昔話を!、と訴えたいのです。古いものだから大事にするという考えではなくて、現代社会にとって昔話が大事な財産になると考えて、子どもたちに語ってくださることが、本当の「生きる力」になると思うのです。

しかし、今、「世間教育」をしたいと思っても、都会などには「世間」がなくなっています。新しい「世間」を社会に作るなり、学校が「世間」の肩代わりするなりしなければなりません。そうしたときに、昔話を語るというささやかな営みが果たす役割が、思いの外大きいことを認識してくださるなら、今日の話は意義があったと言えましょう。次の櫻井美紀さんには、『子どもに語りを』（椋の木社、一九八六年）という著書もあります。今日のテーマに最もふさわしい講

師をお招きできたことを喜び、記念講演に移りたいと思います。（拍手）

主な引用文献

・鈴木重三・木村八重子編『近世子どもの絵本集　江戸篇』（岩波書店、一九八五年）
・小澤俊夫・荒木田隆子・遠藤篤編『鈴木サツ全昔話集』（鈴木サツ全昔話集刊行会、一九九三年）
・柳田国男『柳田国男全集　第五巻』（筑摩書房、一九九八年）
・石井正己『遠野の民話と語り部』（三弥井書店、二〇〇二年）
・沼賀美奈子「昔話絵本における残酷表現―江戸期から明治初期の「かちかち山」を中心に―」（小澤俊夫教授古稀記念論文集編集委員会編『昔話研究の地平』小澤昔ばなし研究所、二〇〇二年）
・後藤総一郎『柳田国男と現代』（遠野物語研究所、二〇〇七年）

付記　文献の引用はすべて現代仮名遣いに改めるなどしました。

子どもに語りを

櫻井美紀

一　ゆっくり唱える言葉で、精神の安定を培う

私は二〇年前に『子どもに語りを』という本を書きました（残念ながら、ただ今絶版中で、近々に再版の予定です）。今日、石井先生に控え室でお目にかかりましたら、この本を（『子どもに語りを』椋の木社刊）を持ってきてお出でだったので、とてもうれしく思いました。この『子どもに語りを』の次に書きましたのが『ことばが育てるいのちと心』（一声社刊）というタイトルの本です。今日はこの二冊の本に書きましたことをもとにお話しさせていただきます。

『子どもに語りを』を書きましたときは私が子育ての実感のあるときで、息子が大学生、娘が高校生でした。自分の子育ての終わりの時期でしたから、本の中身には私が子どもたちの小さいときに何をしていたかということをたくさん書きました。〝言葉〟と〝語り〟を中心に子育て中のエピソードを主に書いたのです。

私が子育ての中でやっていた〝言葉を通して心を育てる〟やり方というのが、実は私の両親が

私の小さいときにしてくれたことだったたと、後から思い当たったのです。たとえば私が子どもの頃には、幼い子どもが寝るときに唄を歌って寝かしてやるのは当たり前でした——今は子守唄を歌って子どもを寝かしつけるお母さんが少ないということを聞いておりますけれど——。私が唄を聞いて育っていますから、自分の子どもを育てるときも、眠たそうになったら自然に子守唄——眠らせ唄——を歌っていました。そして、そのような唄を歌いながら子どもを寝かしつけるというところが、実は子どもに語りを聞かせるいちばん最初の段階だと感じたのです。『子どもに語りを』というこの本の中で赤ちゃんから子ども時代の終わりまでを書いたのですが、始まりは〝静かに声を聞かせながら安心させる〟ことから書き始めました。

この本のいちばん最初に入れてある歌は、東北地方の眠らせ唄です。今日は、ここにわらべ歌のオーソリティーがいらっしゃいますので、ちょっと恥ずかしいのですけれど、この本の中に書きました東北地方の眠らせ唄を歌ってみます。

ほーらあー寝えーろー、ねえーんーねえーろー、
ほーらあー寝えーろー、やあーやあー
寝んー寝ろー寝ろー寝ろー、ほらあー寝ろーやーやー。（拍手）

みなさん、眠くおなりになったかも知れませんが、今の唄では「ほーらあー寝ろー、ほーらあー寝ろー」と、同じ言葉が何度も何度も繰り返されます。「やーやー」というのは赤ん坊のこと

ですね。同じ言葉を何度も繰り返し、メロディーはあまり急激に上がったり下がったりしないのです。そして調子がゆっくりしているということ。こういうことが赤ん坊にはとても大事な言葉かけです。声を聞かせながら心を静めさせる、安定させる役割を持っているということなのです。これは昔話を聞かせることと同じです。幼い子どもに昔話を語るときは言葉をゆっくり聞かせることが大事なんですね。

それから昔話の語りの調子には、あるかなきかのよい調子がついています。決して棒読みに読むのではないのですね。

（棒読みのように）「むかしむかしあるところに、お爺さんとお婆さんがありました」（これはわざと棒読みのように言ってみたのですが）、こんなふうには語らないのですね。多分、こちらの方たちは、（歌うような調子をつけて）「むかーし、あったったづもなー」と言うのでしょうか。

私は子どもの頃、石川県出身の年寄りに昔話をたくさん聞かせてもらいました。たくさんと言っても、その年寄りの一つ覚えみたいに「舌切り雀」を繰り返し繰り返し聞いたのです。その「舌切り雀」の語り方が、「むがーしあったといーねー、じいとばあがあったといーねー」というのです。「昔ありました」というのではなくて、「むかーし」と音を伸ばします。「あったといーねー」というように母音を伸ばします。語尾は「したがやとー」っていうように語られます。

それは子守唄と同じで、一つ一つの言葉の〝母音を伸ばす〟声の届け方なのですね。昔話は、とっと、とっとと行かないで、ところどころで子どもの様子を見ながら、ゆっくり語ったり、わざと声をひそめたり、もうこのあたりで寝てしまうなーと思ったら、わざとゆっくりゆっくりするという、そんなやり方をしていました。眠らせ唄を聞かせて眠らせるのとまったく同じだと思うのです。

私の本には「舌切り雀」のことを書きました。「舌切り雀」は、この地方でも語られていますか？

いろいろな語り方が各地にあるのですが、私の聞いていた「舌切り雀」は石川県の昔話ですから、婆が雀の舌を切るところは全国のどの地方よりも三倍残酷なのです。婆は雀の舌を切って、羽を切って、尾を切って叩《たた》き出すのです。すると爺が帰ってきて、「可哀想《かわいそう》になー、可哀想になー」と言って探しに行くのですが、爺は唄を歌っていきます。

「舌切りすーずめ、どっち行った、羽《は》～切りすーずめどっち行った、尾ー切りすーずめどっち行った、と言うてったがやとー」、と、そんなふうに聞きました。

これも三回、繰り返します。昔話ですから三ヶ所に行くのですね。最初は牛洗いさまの所へ行き、次は馬洗いさまの所へ行き、そしてその後ですが、私が子どものころ聞いていた「舌切り雀」では〝おしめ〟（おむつのこと）を洗っとる婆がいて、「おしめを洗っとる婆に、婆さま婆さま、ここを雀が通らなんだかいのー、と言うと、通った通ったと言う、どっち行ったか教えてくれんかいのー、と言うと、そんならこのおしめの洗い汁、たらい一杯のんだら教えてやろう」（笑い）と、婆が言うのです。私が子どもを育てたときは、まだ布おむつを使い、洗濯しました。ですから私と同じ年代の方は、おむつのあの黄色い洗い汁というのを、ご存知だと思いますが（笑い）。私が子どもだったころは、洗濯はたらいでやっていましたから、聞いていて、それがどのような洗い汁か分かるんです。

私に話してくれた年寄りは、このように言っていました。

「おしめを洗っとる婆が、このおしめの洗い汁、たらい一杯飲んだら教えてやろうちゅうた。ほうしると、爺は、ちゅう、ちゅう、ちゅうーと飲んだがやーとー」

そう言って話を進めました。私は聞きながら、なんだか汚いなと思いながらも「それから、それから？」と、この話を何度も何度も聞きました。

私は「舌切雀」の中の「したーきり、すーずめ」の唄を赤ん坊のころから、その人が亡くなる年まで、何百遍聞いたか分からないのです。その調子が耳に残っていまして、自分の子どもを育てるときに、また思い出したのです。そう言えばこんな話を聞いたなと思いながら、覚えているところだけを語りました。その後、昔話資料集を調べ、欠落した部分を補い、自分の子どものほかにも、地域の語りの活動で語るようにいたしました。

二　幼児期に聞くことの意義

先ほど石井先生が、「たくさんの物語や昔話を聞いても、すべての人が語り手になるのではない」ということをおっしゃいましたが、私の場合もそのとおりでした。私は五人兄弟《きょうだい》姉妹なのですが、その年寄りから、他の兄弟姉妹もみな同じように話を聞いているのですが、私が三〇歳代で、文庫（〝ゆうやけ文庫〟と名付けて現在も自宅で開いている家庭文庫です）を始めたときに、この「舌切り雀」の話を全部復元したいと思ったのです。そして、姉や妹に「この先にバッパはどういうふうに言ったかしら」と聞くと、私以外の兄弟姉妹四人はほとんど覚えていませんでした。でも私だけはその年寄りの語りの調子が耳の底に残っていたのです。

私が何十年も忘れずに覚えていた調子というのは、爺が牛の洗い汁や馬の洗い汁を桶で「ちゅ、ちゅ、ちゅ、ちゅぅ」と飲んだところです。牛の洗い汁を「ちゅ、ちゅ、ちゅ、ちゅ、ちゅぅ」、それから馬の洗い汁を「ちゅ、ちゅ、ちゅ、ちゅ、ちゅぅ」、そして最後がおしめの洗い汁なんですが、たらい一杯、爺が「ちゅ、ちゅ、ちゅ、ちゅぅと、飲んだがやとー」と、音声言語の響きを覚えていたのです。

文字で書いた「雀」とか「チュ・チュ・チュ」ではなく、耳から聞かせる言葉として、音声言語の音楽的なところを、幼い子どもに何度も何度も聞かせてくれた、それがとても良かったことだと思うのです。

私の兄弟姉妹の四人は忘れていたと言っておりましたが、これを覚えていなくても、音声言語の良い響きを受け取ったということが、大変重要なことです。それは、幼児期に受け取る音韻は、成人後の精神に何らかの働きをもたらすものだからです。

今、思い出した一つの例をお話しします。

三〇年も前の話になりますが、日本に最初のオイルショックがあったときのことです。オイルショックというのは一九七三年にペルシャ湾岸産油国が原油の値上げを発表したときに、原油価格とは関係のないトイレットペーパーや洗剤の買占め騒動が起こった、日本の社会現象です。あの時はデマが飛び交い、あっという間にデパートやスーパーのトイレットペーパーが姿を消し、主婦たちの狂乱のような現象が起こったのでした。主婦たちは、どこのスーパーに何百ダースのトイレットペーパーが並べられたと聞くと、だーっと走って行き、群がって、わずか数分で売り切れたとか、あっちの店でトイレットペーパーを出したと聞いて、また全員がそちらへ走って行くという騒動でした。そのとき、近所の家で、私より少し若い主婦でしたが、このあと何年もトイレットペーパーが無くなるからと、あっちこっちのスーパーで買い込み、四畳半の納戸がトイレットペーパーで埋まったと聞きました。そのように当時の主婦たちの騒ぎは大変なものでした。

ところが「舌切りすーずめ」を聞いた私たち姉妹は、だれ一人、トイレットペーパーを買いに走りませんでした。紙が無くなれば新聞紙を切ってトイレに入れておけばいいと思いましたし、使い古した紙を揉《も》んでトイレで使えるからなどと考えて、〝トイレットペーパー狂想曲〟には加わらなかったのです。そうしましたら、何ヶ月か過ぎたら、元通りお店で普通にトイレットペーパーが売られるようになりました。

そのときに、世間のデマで右往左往しないという暮らし方をする人たちがいることを、はっきり知りました。私たち姉妹は子どものとき、家にいる年寄りから毎晩のように昔話を聞かせてもらっていました。そのことが、大人になってから落ち着いて暮らす精神の安定を育ててくれた要素であると気付きました。

その年寄りの話だけではありませんが、私たち兄弟姉妹は子ども時代に落ち着いた大人たちの言葉をたくさん聞いていたのです。「①おだやかな語りかけ、②大人が言葉を通して子どもに楽しい気持ちを持たせてくれること」、それらが幼児期の子どもの心の発達に大事なものを運ぶのです。その大事なものとは、〝音声言語によって育まれる精神の安定〟です。それは子どもが大人になってからどう生きていくかという、人生の考え方の根底に必要な源となるのです。

幼いときに聞いた話の筋や言葉を全部覚えていても、いなくても、それはどちらでもよいのです。話の筋を忘れてしまっても、耳から届けられた心地よさと、語った人との間に育てられた人間的な感情が精神の発達によい影響を与えるということです。幼い頃に聞いた昔話が、大人になった人の心の持ち方に大きな働きをもたらすのですから、今、このような心の豊かさが忘れられがちな時代では、以前よりももっと大事になったといえるでしょう。大人になったときに心豊かに落ち着いて暮らす暮らし方と心の持ち方は、今、本当に大事なことだと思います。

三　語りの音楽性

その根底にある大事なことというのは、精神を安定させるゆったりした気持ち、語る人の言葉に乗っていく〝あたたかさ〟なのですね。そのような安定感とか、幸せとか、信頼感とか、そういうものを運ぶ音は〝よく響く母音〟です。つまり、母音を伸ばすことなのです。特に乳児に母音を伸ばす言葉を、耳から届けることが大事だということを、私は拙著の『子どもに語りを』の最初の部分に書いております。語る言葉、わらべ唄、唱え言葉などを子どもの耳に届けることには、共通の働きがあるということに気がついたのです。

同じ働きというのは、

①　同じ言葉を何度も何度も繰り返すこと、

② ゆっくりしたテンポで耳に届けること、
③ ゆるやかなメロディーを付けること
の、三つの要素です。

中でもゆっくりと母音を伸ばすということはとても大事なことだと思いました。外国でもわらべ唄・眠らせ唄は同じ言葉を繰り返します。私が子どもを育てているとき、息子がまだ赤ん坊だったときによく歌った眠らせ唄は「ドナドナ」という唄です。ジョーン・バエズというアメリカのフォーク歌手がEP盤のレコードで出していました。「ドナドナドーナ、ドーナ、ドナドナドーナ、ドーン」というリフレインが繰り返して何度も歌われます。

その「ドナドナ」というのも「ほーらー、ねーろー」と同じ働きを持っています。「ほーらー」をローマ字でお書きになってみてください。音を伸ばすのは「ほー」というところと「らー」（HORA）です。「ねーろー」（NERO）。「ドナドナドーナ」（DONA）。これらはみな母音を伸ばします。そして、同じ音を何度も何度もくり返すのです。

この唄はたいへん古い唄でイスラエルの子守唄です。二〇〇〇年以上前から歌われていただろうといわれています。それをジョーン・バエズがリバイバルして、ベトナム戦争反対の反戦歌として唄いました。その「ドナドナ」をアメリカ全土の人が聞き、心を鎮め、平和への願いを感じたということは、大事な意味があります。先ほど安心感とか、精神の安定ということを申しましたが、心が和らぐということが平和をつくるための土台にあるのです。幼い子どもを安心させて眠らせることと同様に、世界中の人々の心を落ち着かせることに、母音を伸ばして繰りかえす要素は大事な意味を持っていたのです。

各国に眠らせ唄がありますが、声を聞かせることは母子相互関係（アタッチメント）をよく結ぶためにも必要です。良好な母子相互関係を結ぶためには〝母子の接触〟が必要で、子どもをしっかりと抱いてやることと何度も何度も触ってやることを常にしてやります。そうやって「母さんはいつもお前のそばに居るんだよ、安心していいんだよ」というサインを送るのです。親から子への接触を繰りかえすと、子どもの方も親に抱きついてきますね。それを大事にしてあげるのです。特に乳児期に大事にしてあげるのです。そのようにして、人間として生きる初期のところに人への信頼関係を作ります。言葉と接触と両方とも大事にして子どもを育てなければなりません。

この地方にも子どもの頭を撫《な》ぜて歌うわらべ唄がたくさんあります。それから顔を触って遊ぶ〝顔遊びの唄〟がたくさんあります。それらの唄は〝触って、声をかけて、子どもの心を育てる〟育て方なんですね。それらはみな語りの根底にあるものだと私は考えています。

それから、もう一つの例を申し上げましょう。

私が子育てをしているとき、娘が二歳のころ、『かちかち山』の絵本が大好きになって、毎晩、布団に入る前に「読んで」と言って私に渡すのです。「じゃ、お布団《ふとん》に入ってね」と言って、私は子どもの布団の側で読み始めるのです。

そのときに私は自分が子どもの頃聞いたバッパのやり方を真似しました。どうするかといいますと、昔話には同じ言葉が何度も出てきますから、同じ言葉のところはだんだん、だんだん、ゆっくり読むのです。それはバッパが、私たちを早く眠らそうと思うときにやったやり方です。最初、牛洗いさまにいくときに、「舌切りすーずめどっち行った、羽切りすーずめどっち行った、尾切りすーずめどっち行った、と言うてったがやとー」と、このように普通に歌うように言います。次、牛洗いさまとこに行くときは、「したきりすーずめ、どーっちいーったー」と、ゆっくりしたテンポで言います。三番目、バッパはこんなでした。

「しーたーきーりーすーずめー、どーっちーったーあー」（まじないのように）

すると私たち子どもはもう目を開けていられなくて眠ってしまいます（笑い）。ときどきはバッパが先に眠ってしまいます（笑い）。

それが子どもを眠らせるよい方法ですし、安心させるよい方法です。子どもがぐっすり眠れば、次の日、子どもはまた元気に、子どもとしての一日を始めることができるのですから、子どもの幸せな成長につながることになります。

それを私は子どもの頃、たくさん聞いていましたから、『かちかち山』を娘が持ってきますと、始めのところで「爺様が山の畠へ豆を蒔《ま》きにいきました。『一粒は千粒になーあれ、二粒は万粒になーあれ』と歌って豆を蒔きました」というのです。私は最初から「ひとつぶは、せんつぶになーあれ」と言いながら娘の顔を見るんです。そうしますと、娘はまぶたを半分くらい閉じます。それを見て、「（ゆっくりした調子で）ふたーつぶはー、まーんつぶになーあれー」と言うと、そこで娘はすーっと眠ってしまいます。一冊の本を読まずに、最初のところだけで、手抜きで子どもを眠らせることができます。ゆっくり、同じ言葉を繰り返すというのが、幼い子どもには大事な幸せな時間であるということを感じました。昔話の語りは子どもの成長発達に役立つ素敵な音楽性を持っているのです。

四 共感すること、自分を認めてもらうこと

ここでイギリスの昔話「猫と鼠」を聞いていただこうと思います。

幼い子と遊ぶときの遊び方で、ハンカチーフを使いまして鼠を作ります。この〝ハンカチ鼠〟は私が子どものころ母によく作ってもらいました。これを使って「猫と鼠」をします。猫の方は手で猫の形を作ります。


猫と鼠が、モヤシ小屋で遊んでた。猫が鼠の尻尾《しっぽ》をかみ切った。

「やだよ、猫どん、おいらの尻尾を返してくれ」

「だめだね、ミルクを持ってこなけりゃ、お前に尻尾は返さない」

鼠は跳ねて駆けだした。雌牛《めうし》がいたのでこう言った。

「ねえ、雌牛さん、ボクにミルクをくださいな。猫にミルクをあげないと、尻尾を返してくれないの」

「だめだね、干し草を持ってこなけりゃ、お前にミルクはやれないね」

鼠は跳ねて駆けだした。お百姓がいたのでこう言った。

「ね、お百姓さん、ボクに干し草をくださいな、雌牛に干し草を上げないとミルクを出してく

れないし、猫にミルクをあげないと尻尾を返してくれないの」

「だめだね、肉を持ってこなけりゃ、お前に干し草はやれないね」

鼠は跳ねて駆けだした。肉屋がいたのでこう言った。

「ね、肉屋さん、ボクに肉をくださいな、お百姓に肉をあげないと、ボクに干し草くれないし、雌牛に干し草あげないと、ミルクを出してくれないし、猫にミルクをあげないと尻尾を返してくれないの」

「だめだね、パンを持ってこなけりゃ、お前に肉はやれないね」

鼠は跳ねて駆けだした。パン屋がいたのでこう言った。

「ね、パン屋さん、ボクにパンをくださいな。肉屋にパンをあげないと、ボクに肉をくれないし、お百姓に肉をあげないと、ボクに干し草をくれないし、雌牛に干し草あげないとミルクを出してくれないし、猫にミルクをあげないと、尻尾を返してくれないの」

「いいーとも、パンをあげよう。だが、こんど小麦を囓《かじ》ったら、その首、ちょきんとちょん切るぞ」

パン屋がパンをくれたので、それを肉屋に持って行き、肉屋が肉をくれたので、それをお百姓にもって行き、お百姓が干し草をくれたので、それを雌牛にもって行き、雌牛がミルクをくれたので、猫にミルクを飲ませたら、やっと尻尾を返してくれたとさ。（拍手）

（注・櫻井美紀再話「猫と鼠」は『ことばが育てるいのちと心』の28～31ページに掲載しています）

「その首ちょん切るぞ」などの残酷な言葉もありましたけれども、子どもへの影響は心配ありません。これは本当に首をちょん切るのではないからです。子どもが一生懸命聞くのは、鼠が尻尾を取られてしまって、困った状態になっていることです。この困った状況を解決するために、次から次へと人を訪ねて「助けて、助けて」と言うけれども、みんな「ダメ、ダメ、ダメ」と言うところです。二歳、三歳の幼い子も、この話はよく聞きます。もっと大きい子にも、幼稚園などで語りますが、四歳くらいだと、とても困った顔をするんです。「ダメ」って言われるたびに、とても悲しそうな顔をします。でも六歳の子どもだと、「大丈夫だよ」、「つぎ大丈夫だよ」、「つぎ大丈夫だよ」って聞くのですね。そしてパン屋さんが「いいとも」と言ったところで、これでまた戻っていけば大丈夫と先を見通します。でも四歳の子どもだと先を見通せませんから、パン屋の所まで行っても心配そうな顔をしていて、パン屋がパンをくれて、それから肉屋が肉をくれる間もずーっと心配そうな顔をして聞きます。最後にミルクを猫に飲ませて、こうやって（ハンカチーフの鼠の尻尾を全部見せる）私が尻尾を見せたときに、「ほーッ」と安心するのです。

幼い子どもはこの鼠を自分と重ね合わせて聞きます。鼠が自分の体面を傷つけられて悲しいのと同じ悲しみを、幼い子どもは感じているのです。周囲の大人から、いつも「ダメ、ダメ」と言われて、悲しい思いをしているのでしょう。自分の力で、自分のなくしたものを取り戻すことや、ほしいと思ったものを手に入れることを語る昔話は、幼い子どもにとってうれしい話です。自分の人生を肯定することにつながるからです。

五　空想力と創造性

この「猫と鼠」は昔話の原型が入っている話ですね。大事なものをなくして困った状態になった主人公が、あちこちへ旅をして助力を求める、けれども困ったことが続き、最後になって援助者が現れ、何か援助してくれる。援助者は何か贈り物をくれます。それを使って順番に解決をしていき、最後に無くしたものをとり戻すという昔話の原型です。最後は「めでたし、めでたし」で終わる話です。これは外国のものですが、子どもたちが「それから？　それから？」と聞くようになった年齢からは、このようなタイプの昔話を聞かせます。

私は『子どもに語りを』の本の中で、子どもが昔話と付き合う段階を三段階に分けているのですが、この原型を聞き取ることができるようになるのは第二段階のところです。乳児期と幼児期のはじめの年齢では、唄の調子を聞く第一段階です。そこを過ぎたら、「では、この後どうなるのか」と〝空想力を使って先を聞く〟段階へ進みます。その年齢になったら、このような昔話を届けてあげるのがよいと思います。「この次は、この次は」と、話の途中でハラハラしながらも、この鼠の状況に自分を同化させます。この困った状態を自分もいっしょに困りながら進んで行くのですね。でも、途中で困ったことがあっても、最後にだれか助ける人がくる。その人の力を使って主人公が最後に幸せになるというところを聞き手は受け取ります。

子どもは現実に困った状態に陥ることが常にあるのですから、困ったことがあっても、どこかに助ける人がいるんだよ、ということを知っていることが大事なのですね。ですから援助者が出てくる昔話を子どものころに受け取っておく必要があります。その話の中で、その次は何が起こるか、その次は何が起こるかと、空想しながら先を聞くことがとても大事です。

四歳、五歳を過ぎたら昔話をたくさん聞かせるようにします。昔話にはこの世に無いものがいくらでも出てきます。二歳、三歳のときに、やさしいお話を聞いている子どもたちは、四歳になって言葉を聞きとると、その正体が何だか分からなくても、物語の中を主人公といっしょに進んで行くことができるのです。

岩手県の伝承の昔話「梨を取りに行く三人兄弟の話」などは登場する沼の主の正体を言わないままですね。ですから聞き手の子どもはどんな化け物を思い描いてもよいわけです。竜のようなものを思い描くか、鯰《なまず》のようなものを思い描くか、水の中から出てくる恐ろしい化け物として思い描けば、それであの昔話の世界は成立します。あるはずのないものを受け入れるということを、子どもはたくさんの昔話を聞きながら身につけてほしいと思うのです。

子どもは年齢が進むにつれて、昔話を聞く第三段階へ進みます。小学生になった子どもは昔話の中の主人公の冒険を、自分自身の冒険と重ね合わせて聞くことができます。

私は小学校の高学年の子どもには少し難しい話も語ります。三人兄弟のように冒険に出かける主人公が、同じ道筋を通って、同じように三度の試練を通り過ぎていきます。昔話の中では一人目と二人目は失敗して、三人目が冒険を成功させます。このような話を今の子どもがたくさん聞いておく必要がある、というわけは、一回や二回、失敗したってよいのだということを聞いていなければいけないのですね。失敗して挫折してしまったら、その先の人生がなくなってしまうからです。一回がダメなら二回目をやってみよう、二回目がダメだったら三回目の旅に出かけようという人生の歩み方をしないといけないのです。

三人の兄弟が梨を取りに行く昔話は、三人が別々の人物だと考えるよりも、太郎が化け物に呑み込まれてしまって次郎が出発すると、聞いている子どもは、今度は自分が次郎なのです。次郎が化け物に呑み込まれると、今度は三郎が出かけて行きます。聞いている子どもは、自分は三郎に同化して聞いていくのです。それは人生においてはとても大事なことで、一回二回、人に理解されないで対立のままで終わっても、もう一回の冒険に挑戦する勇気を与えます。人に理解されないで困難な状況に陥ったら、今度は別な言い方をしたら相手は分かってくれるかもしれないという考え方をすることが、人生を進んでいくには必要なことです。昔話を聞くことは人生をどう生きていくか、人生をどう創るかに結びつくのです。たくさんの昔話を聞いておけば、人生をいろいろに考える豊かな空想力を育てます。子どもは昔話を聞きながら、知らず知らずの間に話の中の冒険を、自分の人生の冒険と重ね合わせて身につけていくことができるのです。豊かな空想力は豊かな創造性を生み出す力となります。

六　自分の人生を創る力

ここまでにゼロ歳から学校へ行くくらいまでの幼い子どもたちに、まわりの大人たちが声と言葉を届けることが、第一に大切なことだと申しました。歌うことや、おまじないや唱え言葉、昔話の語りの根底には同じものがあるということです。

〝語り〟の語源は「搗《かっ》く」というところからきているということを、国文学・口承文学研究者の臼田甚五郎先生が早くに発表しておいででした。「搗く」というのは杵《きね》などを使い、臼《うす》でお米などの穀類を搗くのですね。搗くというのは固いものを細かく砕《くだ》くことですね。語るというのは、聞き手の、相手の心の中にある固いものを解きほぐすとか、柔らかくするとか、砕いて、こちらの言葉を受け入れてもらうという意味があるのだということです。搗くという字を「かつ」と読むのですが、「語り」という言葉はその「かつ」からきているると臼田甚五郎先生が書いておられます。

そこで、この世界で人と人とが向き合ったときに、言葉を通して相手とどう分かり合うか。相手が反対意見を持っている人であったら、どのように相手に分かってもらうように言葉を届けたらよいか。あるいは相手がいじめっ子であったら、どのように関係を改善するか。その上、小学生も中学生もまわりの大人といろいろなことで衝突しますから、そのような場合に言葉でどう分かってもらうのか。特に親たちとの関係をよい関係に創っていくために、この「搗つ」「語る」ということがいかに大切か、お分かりいただけると思います。

相手に強くいわれて言い返せない子どもが実に多いのです。言葉の代わりに暴力が使われることが多いのも現実です。友だちとの関係、先生との関係、親たちとの関係で、どんなに多くの子どもが困難な中にいるか、悲しい事件が起きるたびに明らかになってきています。大人の側からも語り合う姿勢が大切です。諄々《じゅんじゅん》と説明して、自分の気持ちをなんとか相手の心にとけ込ませてもらう、そのやり方が、語り合うことなんですね。相手の固いものを打ち砕いて、こちらの気持ち《も》を受け入れてもらうのです。それが固い心を持った者へ自分の言葉を受け入れてもらう行為であり、それが「語る」ということです。

語りは一方的なものではないんですね。一方的にがんがんものを言ったり、べらべらいい気になってしゃべったりするのは、語りとは言わないのです。「やってしまいなさい」「早くしなさい」とか、命令をしたり禁止をしたりするのも、語りとは言いません。

けれど、「こんなふうにしたらどうなのかなあ」、「私はこう考えるんだけど」という言い方で、大人と子どもで言葉を交わすなら、「あれ、そうかな」と言って、相手の言葉を受け入れることができるのですね。そのようにして、どのような表現の仕方をしたら相手に理解してもらえるかということを考えて、言葉を選び届けようとします。そしてその言葉が相手の心に届いたときに、「それもそうだねえ」とか、「そうか知らなかったよ、勘違いして悪かったなあ」とか、そういう言葉が戻ってくるなら、「ああよかった、じゃあ、私はこうします」というように先が言えます。それに続けて「じゃあ、やってごらん」という言葉があるかもしれません。そうしたら言葉を通して、こちら側とあちら側の人間が心を交流することができるのです。その状態が「語り合う」ことの成立になるわけです。

私は子どもたちといっしょに、日本の昔話もたくさん楽しんでいますが、外国の昔話も楽しんでいます。子どものころ、私は父親から外国の昔話をたくさん聞いて楽しんだ経験があるからです。それで、今日の最後に聞いていただこうと思うのは、ポーランドのジプシーが語り伝えた昔話です。

「猟師とウルマとチャラーナ」というタイトルがついておりまして、チャラーナというのは、化け物のような鳥、それからウルマというのはヨーロッパの昔話に出てくる、人間と同じような姿をした女の魔法使いです。そのウルマは、良い人間には幸せを運んで行き、悪い人間は石に変えてしまうなどという、魔法の力を持っている妖精の一種です。

むかーし、あるところに一人の若い猟師がおりました。猟師はあるとき、幸せを探すために旅に出ることにしました。猟師は、朝早く一本のパンとひとかたまりのベーコンを袋に入れて、家を出ました。歩き続けて、日もだいぶ高く昇ったころ、猟師はとある森にやってきました。森の中の切り株に腰をおろして、猟師は食事をしようと思いました。なにしろ朝早く家を出たきり、歩き続けていましたので、とてもお腹がすいていたのです。猟師がパンをちぎり、ベーコンを一切れ切って、それを一口食べたとき、木陰から髪の毛を風になびかせた美しい少年が出てきて、猟師に声をかけました。（以下省略）

（話のあらすじ）

猟師は旅の途中で三人の少年（風の王・太陽の王・月の王）に出会い、パンとベーコンをわけてやる。少年はそれぞれ木の笛、金の笛、銀の笛を猟師に渡す。猟師は美しい娘に会う。娘は「私はよい魔女のウルマです」と名乗る。二人はともに暮らし始めるが、妻が魔鳥チャラーナにさらわれる。猟師は太陽・月・風の王たちに助けられ、妻を取り戻す。

（注・この昔話は福音館書店刊『太陽の木の枝』にあります）

この話の最後はこのようになっています。

さあ、もうこれで安心です。猟師とウルマは、ウルマの美しい御殿に戻り、そのあとはずーっと幸せに暮らしました。あの三つの笛は、いまでも無くなっていませんが、あれから一度も吹いたことはありません。もう申し分なしに幸せでしたから。（拍手）

この話は、小学校などでは何度もリクエストがある昔話です。特に男の子たちがこの昔話を「また聞かせて」と言うのです。この話では、若者が旅に出て美しい娘に出逢い、愛が芽生え、結婚をします。男の子たちが憧《あこが》れているものがこの話には彩り鮮やかに浮かび上がっているのです。そして男の子がこの話に惹《ひ》かれるわけは、前に助けた人たちの助力を借りて、連れ去られた妻を連れ戻す冒険を成功させるということなのですね。

世界中にこのような冒険の昔話がたくさんあります。昔話の冒険は、たった一人で辛抱したり戦ったりするのではなくて、誰かが助けるというところが大事な鍵となっています。山の中の親切な婆様とか、山姥《やまうば》や神さまが人を助けてくれたり、道を教えてくれたり、妖精や物言う動物が助けてくれたりします。そのように超自然のものが力を貸してくれて主人公の冒険を成功させるのです。このような昔話をたくさん聞いていると、子どもたちは昔話から学んだことを、今度は自分の人生を歩むときに役立てることが出来るのです。ですから子どもにはたくさんの昔話の語りを聞かせたいと思います。

今、大人たちが語ってあげないと、子どもはたった一人でがんばりすぎたり、苦しい状況の中で挫折したり、あるいは他人はどうでもいいと考えたりする人々が多くなってしまいます。このまま語りのない世の中に進んでしまうと、未来の社会は今よりももっと悲惨なものになってしまいます。

私は音声言語の音の面白さや、穏やかさということを中心に本日の話を始めました。今、言語伝達・コミュニケーションの営みの中で大事なのは、機械の声ではない人間の持つ人間らしい声で伝えられる言葉ではないでしょうか。文字で書かれた言葉よりも、音声による言葉を大事に伝えながら、子どもを育てたいと思います。言葉を聞いた人が心の情景を豊かにつくることが創造性を豊かにします。それは人生を自分らしく創り出す力を生み、人の気持ちを想像することにつながり、人間社会の未来を明るいものに創っていく力につながるのだと思います。機械化の進む現代においては音声の言葉を伝えることを、世界中で大事にしなければならないと思うのです。

ここまでお聞きくださいまして、ありがとうございました。（拍手）

語りのライブ——

山形県新庄市の語り

渡部豊子

一　子どもの時の祖母との思い出

皆さん、こんにちは、新庄市から来ました。どうぞよろしくお願いいします。

最初、ちっちゃい時の思い出一つ、ということでしたので、昔話を教えてけったばんちゃんの思い出、強ーく、残ってだごどあんなおす。それ一つ語ってみますなあ。

まぁ、百姓っていうのは、昔、長男生まれれば、大した喜んだもんです。家で一番最初に生まったのは姉だったんです。待づに待ってだ男んねくて（男ではなくて）がっかりしたべだって、ほんでも何十年ぶりで生《ん》まった初孫だもんだぁげ、「めご（かわいい）、めご、めご」って、姉ぁ大事にさったなおす。まだ、姉めんごげで、まぁ、おどなすがったおぼご（子ども）でな。二人目さ、「こんだ（今度）男だべ」ど思ってだなさ、めんくせ（不細工な）おぼご、まだおなご（女の子）生まったわけだ（笑い）。ほんと痩《や》せこで、ちゃっこいば、面《つら》こはめんくせ（醜い）、黒い、ここは、ほれ、ほっけね（頭の悪い）おぼご生《ん》まったもんだあげ、母親にすれば、姑さ申すわげねおぼご生まれですまったわげよ。ほんでもまぁ、何って言わったたって、「昔」（昔話を）聞いで、まま（飯）いっぺ（たくさん）食って大きくなってきたわげです。

ちょうど一年生頃だったたべじゅ。何でごしゃがった（怒られた）もんだがわがんねげんとも、おらえの母親、何と、ふるふるって言うくれ、ごしゃいだなおす（腹を立てたのです）。ほして、「いさ（お前）みでな者、家でいねたてえぇさげ（良いから）、行げ行げどごさが」てさがばった（叫んだ）んです。「どごさが行げ」って、言わったたて、ぼださったな（追い出されたのは）初めでだんだす。こんだ馬小屋の前さ、しゃがまってだでば、ひょいっとおらどご見つけで、「まだほえたどご（そんな所）にいだのが。どごさが行げったら、どごさが行げっ！」て、ごしゃぐもんだあげ、「こりゃあ、どごさが行がねがねんだなあ」どって、外さ出はっていったのです。

ほしたでば、街道《けんど》さ行ったでば、みんなわらし（子ども）たち遊んだわけだ、友だぢ。ほっと、ほれ、こご本当んねもんだあげ（利口でないので）、ごしゃがったごど忘《わす》ってわ、友だづとみんなして遊んだわげ。ほしたれば、日暮《ひやぐ》なってきたもんだあげ、ほれ、一人帰《けえ》り二人帰《けえ》りしたれば、わ（我）ばり残ったわげだ。「ああ、おれぁ、ぼださったなだっけなあ」ど思って、「家さも帰《けえ》らんねんだす」ど思って、こんだ（今度）蔵の陰さ、しゃがまってだ（しゃがんでいた）わげ。ほのうづ（そのうち）真っ暗になってきたもんだぁげ、おっかなぐなってきたわ。

ほぉすっと、「家のしたづ（人達）何すったべえ」どって、今度は蔵の陰がら出はって来て、はんどめ（半戸前）さ来て、簾《すだれ》上げで、戸の隙間がら家の中、こぉして見だんです。ほしたれば、みんなお膳さ座って、まま（飯）食い始めっとごだったのよ。ほして、黙って見ったれば、ばんちゃんが母親さ向かって、「トッコどさ（どこに）行った」、「えづぎだ者（あんなやつ）、されきかねさげ（言うことを聞かないから）、ぼだしてやった（追い出してやった）」って、姑さ言ったんです。したでば、ばんちゃんが、「いさじゅもの（お前というやつは）、おぼこどごぼだした（子どものことを追い出した）なんちゅって、おわばり（自分ばかり）、まま食いが。おぼこじゅもの何があんな、くへぐ（暗く）なってばりなんだ。ほえ、スズ江家《え》さでも行ってだんだが」て言うづど、ほえ（ほんとに）こんだ、ほら、家紋入った提灯ずらぁーっと並べで下げであんすたべ。それの一づ取って、蠟燭《ろうそく》さ、こう杉の葉で火つけはじまったんです。

「スズ江家《え》」っていうのは私の父親の姉で、村で裁縫の先生しったなおす。そこの家《え》さしょっちゅう行ぐもんで、「そごの家さでも行ってだべ」どって。今度、「ばんちゃんが提灯下げで、私のどご迎え行ぐなだ」って思ったもんで、ずる賢いどごあったのよ、私ちゃっこいうぢがら。そうすっと、だーっと走《はす》って、伯母の家さ行く途中に茗荷畑《みょうがばたけ》あっかったもんださげ、そごの茗荷畑の陰さ、ちゃかんと隠《かく》ってたんです。

したでば、ばんちゃん提灯《ちょうちん》下げて腰こ曲げで、こーして来たっけ。こんだ目《め》の前、茗荷畑の前さ来るか来ねが、ぴょんと跳ねでって、「ばんちゃん」て言ったでば、「トッコが。ほえ（ほんとに）ほえ、こいんたどごでいだどごが（こんな所にいたところか）。いさ（お前）、ばがだな、あべ（行こう）あべ、ほれ」って言ったんです。私は、ばんちゃんが「用むぎ足しだあ」って言うど、いっつも提灯持ちだったんです。ばんちゃん腰こ曲がってるもんださげ、杖と提灯両方たがぐ（持つ）ごどでぎねもんださげ、藁草履《わらぞうり》はいた足元、こうして提灯で照らしてけんなが、私の仕事だったわけ。「ほらほら」って、提灯、私さつ出してよごして、二人して家さ帰ってくっとぎ、「トッコ、人じゅものな（人というものは）、謝り方知ぁねど、大っきぐなってがら難儀するもんだ。な、良《え》ぐねごどしだときじゃ、謝んねんねもんだぞ。人じゅものぁ、

『許せなー』って、謝って、『許さね』って言う人はいねもんだ、わがったべ」って、道々諭《さと》さったもんです。んだもんださげ、茗荷の節《へつ》なっと、「ああ、茗荷畑さ隠《かく》って、ばんちゃんで諭さったっけなあ」って、いっつも思い出すなおす。

二「かつかつ山」

で、いっぺいっぺ（たくさんたくさん）、ほれごそ昔話聞いだなだけんども、さっきまで「狐っこむがし」でも語っかど思っとたけども、石井先生が「かつかつ山」の話出して、今度櫻井先生も「かつかつ山」ちょこっと出したっけ、「ああ、おれも『かつかつ山』聞いだっけなあ」って思い出したどこでした。こんだ、こさ来てがら、おらも「かつかつ山」しゃべってみっかど思ったどごでした。「かつかつ山」語ってみますなあ。


むがぁーす、むがすあったけど。あっとさ爺様ど婆様いだっけど。お天気《てんき》のいい日だもんだぁげ、爺様、

「婆んば婆んば、今日は山の畑さ、豆蒔《まめま》ぎ行ってくっぺな」

って言ったでば、

「んだなあ」

って種豆つ出したっけど。

ほぉすっと、爺様、山さ行って、

「一粒の豆ぁ、千粒なれー、二粒の豆ぁ万粒なれー」

って蒔いったでば、山がら狸《たぬき》下りできて、

「爺、爺、ばが爺、一粒の豆ぁ一粒だべな、二粒の豆ぁ二粒だべす」

って言うっけど。ほっと爺ぁごしゃげで（怒って）、

「この畜生」

ど思ったけども、知ゃーねふりして、

「一粒の豆ぁ千粒なーれ、二粒の豆万粒なーれ」

って言ってだれば、こんだ狸、けっつ（尻）さ来て、

「ばが爺、一粒の豆一粒でけづがれ、二粒の豆、腐ってけづがれ」

って、けっつぼって（追って）くるじゅもの。ほっと、

「こん畜生」

って言《ゆ》ったれば、ちゃちゃちゃちゃーっと走って、根っこさ、ちゃーっと腰かげだっけど。

「この畜生、あれすぐね（憎らしい）畜生だ、今昼上がりしていって　もっつ（糯《もち》）持ってきてしぇめでけんねんね（つかまえなければならない）」

どんて、こんだ昼上がりしてぐど、

「婆んば婆んば、狸畜生いぐねさげ、おれしぇめでけんねんね、もっつしたぐ（糯仕度）すろちゃや」

って言うど、昼おりすっとき　でっつら（たくさん）もっつたがって（持って）、畑さ来たど。ほして狸ねまる（座る）どごろさ、べだーっと塗って、まだ、

「一粒の豆ぁ千粒なあれ、二粒の豆ぁ万粒なれー」

って蒔《ま》いったでば、まあだ狸来たじゅお。

「爺っ、まだ来たなが」

て言って、

「一粒の豆、一粒でけづがれ、二粒の豆ぁ腐ってけづがれ」

って言うがら、

「この畜生ー」

って言ったでば、ちゃちゃちゃちゃちゃーって、木の根っこさ、じゃんと座ったじゅおな。

　ほぉすっと、

「この畜生ー」

って言ったでば、狸、逃げっかじゅしただて、ほれ、くっついでしまったわ。とうどう爺様がら捕《へ》めらってすまったど。ほっと縄でぐぐりづげらって、家さ連れでこらったべ。

「婆んば婆んば、狸畜生捕《へ》めできたぜえ、こごさ吊《つ》るしておぐさげ、いさ（お前）、かまうもんでねさげ」

って、

「ええが、かもうなよ。おれぁ、夕上《ゆあ》がりしてきてがら細工（料理）すっさげな」

って言ったけど。

　爺様、まだ山の畑さ行ったべす、こんだ婆様、臼《うす》出してきて米搗《こめつ》ぎはねだ（始めた）っけど。トッケン、トッケンて搗いったでば、吊るさってだ狸、

「婆《ば》ば婆《ば》ば、おれ搗いでけっか」

って言《ゆ》っけど。

「えーえ、『いさどご、かもうな』って言わった、駄目だ駄目だ」

「なあに、ほげに（そんなに）腰こ曲げで搗いでっこどねえ、おれ搗いでける。ちょこっと、ほれ、おれどご降ろへ」

って、

「駄目だ、駄目だ。爺にごしゃがれる」

「ないーだって、ほだら一回降ろして、おれ米搗いでけっさげ。ほしたらまだおれのどごつなげばいいべでゃー」

って言ったど。

　ほしたでば、こんだ婆様、

「いい狸もいるもんだなあ」

ど思って、降ろして、解いでけですまったど。

「どれどれ、杵《きね》よごへ」

っていうど、トッケントッケン、トッケントッケン、トッケントッケン、なんとだっつ、だっつど搗いで、

「婆ば、婆ば、なんぼ搗けだが見でみろ」

って言うど、こんだ婆様、なんぼ搗けだがど思って、腰こかがめで、こうして見ったなっさ、だあーつど打ち杵落どして、婆様どご殺してしまったど。

　そして婆様の着物着っつど婆様被り手拭して、婆んば汁煮で、爺様どご待ってだど。爺様、ほれ、夕上《ゆあ》がりしてきたじゅおな。そしたれば狸いねもんださげ、

「婆んば婆んば、狸なんじゅした（どうした）」

「煮ったあ」

「ほーやわ、どれ、ほんでや（それなら）持ってきてみろ」

って言うづど、ほれ、狸汁持ってきたべちゃな。とごろが婆んば汁よ。ほしたでば爺様、

「あや、味こも良ぐねし、ねんだ、すなこい（噛《か》みちぎれない）なあ」って言うけど。

「ああ、年寄り狸だんだもの」

言うっけ、

「婆んば、婆んば、いさ（お前）も食《け》っちゃー」

って言ったでば、

「おれぁ、小便たってくる」

って言って、とかだ（外方）さ行ったたっけ、こんだ大っき声出して、

「狸汁食うどて婆んば汁食ったー」

って逃げで行ったけど。

ほうしたでば、こんだ（今度）爺様、困って困って情げねくては、あーんあーんて泣いったでば、大事にすった兎《うさぎ》っこ出はって来て、

「爺んちゃん爺んちゃん、何したやー」

って言うもんださげ、

「実はこうこうこうでよー」

って言ったでば、

「んでゃ、おれぁ敵取ってけっさげ、泣ぐな」

って言って、次の日、兎、狸家さ行ったけど。

「狸、狸、何しったやー」

って言ったでば、

「ん、腹あぶりしったー」

って、なんと腹あぶりしたっけど。したでば、

「このあがひ（太陽）の照る、腹あぶりしていらんねべっちゃや。柴こしょいあべ（背負いに行こう）」

って言うど、

「やだ、やだ、おれ、いらね」

「いさ、今柴こしょっておがねば、冬になったらなんたごどするや。あべじゅ」

って言うづど、

「んだら、んぐ（行く）が」

って言って行ったど。ほぉすっと柴こしょったなさ、兎、こんだ（今度）、

「狸、いさ（お前）あれ（強い）もんだぉ、俺の分も背負ってけろちゃー」

って、いい（良い）って言わねなさ柴こ、だいら（いきなり）上げで、

「さあ、帰んべ帰んべ」

って言って、ほれ、ケン、ケン、火打ち石で火付け始まったど。

「兎？　ねだ（なんだ）？『ケン、ケン』って言うぜ」

「ああ、あれが。あれ、かつかつ山のケンケン鳥だ」

「ほう」

ったっけ、まだ、ケン、ケン。ポッと火ついで、ボー、ボッボーボー、

「ねぇだが、けっつ（尻）で『ボーボー』って言うんねがあ」

「ああ、ありゃ、かつかつ山のボーボー鳥じゃ、あ

のごんだ」

「ほう、ボーボー鳥じゃ……、あっつつつつつ、あややゃや」

なんと背中、火ぼんぼんどして、跳ね上がって、ぶっ飛んで行ったけど。ほっと、

「爺んちゃん、爺んちゃん、今、狸どごな、やげっぱだ（火傷《やけど》）させできたさげ、明日よ、南蛮《なんばん》すこでま（ものすごく）辛ぐして南蛮味噌作ってけろ。おれ、まだ敵取ってきてけっさげ」

って言ったど。

ほぉすっと次の日、南蛮味噌たがって（持って）狸家さ行ったど。

「狸、狸、何、やげっぱだしたって」

って言ったでば、

「この野郎、おえね野郎だ、人どごやげさせで」

したら、

「何言うどごや。昨日の兎は昨日の兎、おれはおれ。白い兎だはげて（兎だからって）おれど同じにすんなや。やげっぱだしたて（火傷したって）聞いで、おれ薬もってきたなだ。どれ背中つだせ」

って言うど、ほの南蛮味噌、でーらり塗ってけったど。

「いででででで」

って言うど、兎、後ろ見で、

「あかんべえ」

ってすて、家さ逃げで来たど。ほすっと、

「爺んちゃん、爺んちゃん明日な、どんべぇ（土塀）土の舟ど、木の舟ど二つ作って、沼このど（所）さ、おいででくほちゃ。明日もっと敵とってけっさげ」

って言って、次の日まだ狸家さ行ったど。ほして、

「狸、狸、『やげした』って言うけ、何どげなったやー」

って言ったでば、

「人どご騙《だま》して、何この野郎」

ってごしぇだ（腹を立てた）っけど。

「何言ってんなやあ、おれ初めで来たなあぜ。昨日の兎は昨日の兎、おれはおれ、白い兎だはげて、昨日の兎ど一緒にすんなちゃやー。『やげした』って言うさげて、おれはな、沼こさでも行って、風こさ、ぱぱぱぱーってあだれば、やげっぱだもいいがどって迎えきたなだでやー」

って言ったど。

「どれあべ（行こう）、寝でねで」

って言うど、むりーむりど沼こさつでって（連れてって）、

「いさ（お前）な、この立派な方の舟こさ乗れ、おれこっちのぼろっこの木の舟でいいさげ。えが（良いか）ー、行ぐぞ」

って言うど、こっちがらどんべ（土塀）土の舟ずいーっと押してやったど。ほぉすっとこんだ（今度）ほれ、兎ぁ、

「木の舟ぁつーぃつぃ、どんべ舟ぁがいっ」

って櫂で叩《たた》ぐなだっけど。

「何ど、兎」

「んね（違う）んねんねー、木の舟はつーぃつぃ」

わ（我）で、すーぃすぃどして、

「どんべえ舟ぁはがいっ」

って叩ぐなだけど。

「何どやー」

って言って、そのうち真ん中辺さ来たどぎ、

「どんべえ舟ぁ、がいっ」

って、ぶっ叩《たた》いだでば真ん中がらぶつっと割れで、ぶくぶくぶくぶくーって沈んで行ったけどわ。ほすて、

「爺んちゃん、爺んちゃん、敵とってきてけったぞー」

って言《ゆ》ってな。爺様、

「やーや、婆様どご殺さった敵、いさ（お前）でとってもらったなー」

って、爺様喜んだっけど。

どんべ、すかんこ、ねっけど。

三　「物食ってすぐ寝っとベゴ（牛）になる話」

んだら何いべな。昔、「物食ってすぐ寝るど、ベゴ（牛）になる」って言わねごでしたが？　私らも、物食って横になったりすると、よーぐ祖母がら、「あ、ベゴになっつぉ」って、「行儀悪いごどすんな」って言わったもんですども、その「物食ってすぐ寝っとベゴになる話」でも、してみやすな。


むがーす、むがす、あったけど。あっとさなあ、貧乏だ爺様ど婆様いだっけど。あるふぎ（吹雪《ふぶき》）の吹ぐ晩になあ、爺様まだ、

「婆んば、婆んば、こういう時は寝んな一番だんだ、寝んべわやあ」

って言ったでば、婆様も、

「んだなあ、んだら（それなら）ゆりり（囲炉裏《いろり》）の火、消すがあ」

って、婆んばゆりりの火消す。爺、

「戸の口の戸でもたでてでくっか（閉めてくるか）、錠かげっか」

どって立ったでば、戸の口の戸、トントン、トントンって叩ぐ者いだっけど。

「こういう晩にだんだべ（誰だろう）」

どって戸の口の戸開げでみだでば、なんと小僧っこ、塩《しょ》こまぶれ（雪だらけ）になって立ってだっけど。ほして、

「まず悪《わ》りども、一晩泊めでくだせー」

って頼むなだっけど。ほぉすっと爺様まだ、

「あー、入れ、入れ、こげだどぎ、和尚《おっ》さん難儀だなー。こげだぼろ家でええごったら（良いなら）、ほれ、泊まれ、泊まれ」

って言って、

「婆んば、婆んば、お客だぞ」

って、家の中さ叫《さか》んだけど。ほおして雪で、ほれ、頭がら塩《しょ》こまぶれになってだな、箒《ほうき》でばっつばっつ、ば

っつばっつど掃いで雪ほろって（払って）けって、家の中さ入《へ》ったけど。ほしたでば、婆様まだ、消すかげだゆりりの火、

「んだら、和尚《おっ》さんや、おれ家《え》で何も食う物ねども（無いけれども）、火ばりも焚《た》いであでっさげー」

って言うづど、焚《た》き物《もの》置場がら焚き物持ってきて、こんだゆりりさ火ぁボンボンど焚いでくったけど。ほぉしてるうづ、こんだ、ほれ、かげた釜《かま》こ、沸《わ》いできたべちゃな。ほぉすっと、婆様まだ、

「和尚さん和尚さん、食う物ねえだって、熱いお湯ばりも飲まっせー」

って言って、お湯飲まへだっけど。ほおすっと、ほれ、湯はあったこい（暖かい）べす、ゆりり（囲炉裏）はあったこいべす、なんぼが疲れったんだが、こんだ寝ぷかげ（居眠り）始めだっけど。ほすてるうづ、なんと、あて木ぶづ（囲炉裏の周りの縁）枕にして、ころんと寝だじゅおな。ほっと婆様まだ、

「和尚さん、和尚さん、まず寝ねでけろ。物飲んだり食ったりして、ほれ、寝らんねでゃあ、起ぎろじゅ」

って言っただってはあ、小僧っこ起ぎねもんだげ、めんごいベゴ（牛）こになってしまったけど。ほっと、さあ、爺様ど婆様困ったわ、

「ないだてなあ、婆んば。おれ家《え》さ来てベゴこになったなだんだ、おらだ（俺たち）おぼごたち（子どもたち）もいね、このベゴおぼごの代わりして、ほだら育てっぺちゃなあ」

って言ったでば、婆様も、

「んだなあ」

って言うずど、こんだ、ほれ、わだ（自分たち）食う物も食《か》ねで、ほのベゴこ育でだど。ほして二年もしたでば、なんと大っきいベゴえなって、あれ（強い）す、働ぐすで、爺様も婆様も、まま（飯）食んねだの、あれね（無い）これね（無い）って言わねだって良いようになってきたっけど。ほげぇしてるうづ（そうしているうち）、隣のへちゃへちゃ婆ばこ来たじゅおな。

「ないーだって、ここの家でいづーから、こげ（こんなに）金持づなったなだじゅ。まんず、この頃金持づになってよ」

って言うっけど。したら正直な爺様ど婆様だもんだあげ、

「やあや、これこれ、こういうわけで、めんごい小僧っこ来たな、『ゆりりばだ（囲炉裏端）さ横になんな』って言ったのに、横になったの、ほれ小僧っこの和尚さんがこのベゴだでゃー」

って言ったでば、こんだ婆ばこぁ、家さ行って、早ぁぐ冬になんねべがどてばり（ならないかとばかり）待ったけど。したら雪降ってきたでば、ほれ、毎日ひにづ、街道《けど》さ出で、和尚さん来ねべが、小僧っこ来ねべがって待ってだっけど。ほのうづ、和尚様通りががったじょん。ほしたでば、

「和尚さん、和尚さん、まずおれ家《え》さ寄ってってけ

ろ」

って言ったば、和尚《おっ》さんが、

「いやいや、今日先急ぐので」

「まず、ほゆごど（そんなこと）言わねで入らっせじゅ」

　和尚さんの袖ぐいら引っ張って、家《え》さ連《つ》でったけど。ほしして、ゆりり（囲炉裏）さ火ぼんぼんど焚いで、ごっつぉ（ご馳走）、いっぺだして、あれも食《け》え、これも食《か》えって、食せんなだっけど。ほしだでば、和尚さん、

「十分ご馳走になりあんした。ご馳走様です」

って言ったでば、

「こんたばり食っただて、できねんだはげ（駄目でしょう）、もっと食《け》え、おれも食《く》うさげ」

て、おわ（自分）もあふあふど食って、和尚さんどご、

「食えー食えー」

って言うなだけど。すっと、和尚さん、

「十分です、十分です」

って言ったでば、

「んだら、こごさ寝ろ」

って言うけど。したでば、

「ほおいう行儀の悪《わ》りごどさんね（できない）ごです」

って言ったば、

「おれ家《え》さなのいいのよ、寝だたて。こうして、こうして寝んなよ」

て、こんだ（今度）、婆様、おわ（自分が）寝でみへだじゅもの。ほしたでば、なんと大っき年寄りベゴになってすまったけどわ。ほぉすっと和尚さん、困ったべわあ、

「こござベゴおいでいぐ訳もいがね。こりゃ、引っ張って行《ん》がねんねんだわなあ」

どって、ベゴ引っ張ったり、乗ったりしながら、こんだ諸国修行歩いだっけど。

　どんべ、すかんこ、ねっけど。

四「屁《へ》ったれ競争」

　あど、ここで止めだらえが、一つ笑い話したらえがどうしたらいが……。まあ、教えもなんにもなんね、ただの、ただの面白ぇ「屁ったれ競争」って昔話しゃんすな。

　むがぁす、むがす、あったけど。あっとさ、なんと屁ったれの上手だ親父《おやづ》いだっけど。声がげすんで屁たんなだっけど。

「ほりゃ」

って言うどブッ、

「あっ」

って言うどブッ、

「ほりゃ、へずなっ屁」

て言うどピー、

「すいらっ屁」

って言うどスイー、

「そりゃ、続きっ屁」

って言うとプププップブップププップ。

ほして親父《おやづ》ぁ、

「おれっへぇ（自分くらい）、屁ったれの上手《じょん》だな、まずいねべ（いないだろう）」

って自慢すんなだっけど。ほおすっと家のしたづ（人たち）あ、

「ものさだげね（恥ずかしい）、へづぎだぁ（そんな）屁で自慢してる、ほんておれ家《え》の親父《おやづ》だごったらほえ（ほんとに）ほえ」

って、みんな文句言うなけど。ほんでも親父《おやづ》、ほれ、声がけすんで屁がでるもんださげ、なんと自慢してっけど。

　あっとぎ、街道《けんど》親父歩ぐなさ合わへで、ブップブップブップブップって屁ったれながら歩いでらっけど。ほしたれば向ごうがら和尚《おっ》さん、鐘、カエン、カエーンて叩ぎながら来たっけど。ほっと、

「和尚さん来たな」

って言うずど、こんだ（今度）、ほの鐘さ合わせで、カエーンって叩ぐどブッ、カエーンって叩ぐどブッ、って、たんなだけど。ほして、行き合ったどぎ、和尚さん、

「うっ」

って、こうして見だっけど。

「ねだ、親父《おやづ》、めっぽう屁ったれ上手だんねが」

って言ったけど。

「いや、ほでもねども（そうでもないが）」

って言ったども、和尚さん鐘さ合わへで屁たらって、ごしゃげだがったべちゃなあ（腹が立ったのでしょうよ）。ほっと、

「親父《おやづ》、ほだてな、おれ鐘叩ぐくへ（叩くくらい）屁はたれねべ」

って言うっけど。

「いや、やってみねばわがんね」

って言ったど。

「んだら、競争してみだらえべ」

というごどになって、和尚さん、カエンって叩ぐどブッ、カエン、ブッ。カエン、ブッ。カエンカエンカエン……叩いだでば、親父こんだほれ、ブ――――ッて、たれっぱなすすたっけど。ほっと、和尚さん、鐘ぁ叩がねば鳴んねべぇ、屁ぇたれっぱなすでぎっちゃな（長く音を出すことができるでしょう）。そしたら和尚さん、

「親父《おやづ》、負げだや」

って言うっけど。

どんべ、すかんこ、ねっけど。（拍手）

語りのライブ——岩手県遠野市の語り

阿部ヤヱ

一「赤ちゃん育て」と「顔遊び」の大切さ

皆さん、こんにちは、阿部ヤヱです。よろしくお願いします。

子供の頃のことを、少し聞いてください。

私は、昼は本家の祖母に預けられて育ちました。少し大きくなってからは、隣の家のお爺さんとお婆さんの所に遊びに行って、しょっちゅう昔話とかわらべ歌を教えてもらいました。これが私にはずっと遊びで、何を教えてもらうっていうもんじゃなござんした。

祖母は慶応二年（一八六六）生まれでしたし、隣の家のお婆さんも慶応二年生まれ、それから連れ合いのお爺さんは元治元年（一八六四）生まれっていうお爺さんでした。そのお爺さんは、すごく昔のことを大事にしている人でしたが、私が五年生あたりのときに、「こういうものは人を育てるために伝えられてきたもので、学問とは違う」って言ったんです。「習うものは頭で覚えるもの、こういうものは身につけて、一生それを使っていく力なんだ。だがらこういうものを身につけないと、生きて行く時に大変だから、それで昔の人たちは一生懸命教えだんだじぇー」ということで、「もうこういうのはなくなってしまうから、覚えでおくんだぞー」って言って、その人たちに、なぜこういうことが伝えられてきたのか、何が大事かっていうことも教えられました。

祖母やお爺さんたちは、「赤ちゃん育ての時が大事なんだ」って言ってました。なぜかっていうと、「大人になった時の、もとを作るのが赤ちゃん育てなんだ」って言ってました。赤ちゃん育てっていうのはなんす、赤ちゃんが生まれると、真っ正面から「んこー」って声掛けて、やりんすぺ。あぁいうふうにやると、赤ちゃんは耳だけが聞こえて、まだ目がかすんでいるから、声を聞くと人を感じて安心するんだそうです。赤ちゃんの目の前でこうやると、赤ちゃんは手を追うようになる。これを「目で人影を追う」って言うだもなんす。これは目が見え出したこと。

今度は、「てんこ、てんこ、てんこ」と一生懸命やってると、赤ちゃんもまねるんですよ。まねるってことは、目と耳と頭を使って、動作を見ることができるから、まねるんだっていうことでやんすぺ。そういうことを一生懸命一年続けると、目と耳と頭を使ってその人の動作を見ることが癖《くせ》になってしまうんだそうです。「これが人にとって、物を見る時も人に向かう時も大事な力。話を聞く時に相手の目を見て、ちゃんと動作を見て聞く人にならないと駄目だ」って言うことでござんした。

赤ちゃんには動作をまねると同時に、動作を使って、自分の気持ちを相手に伝えることもできるように教えるんですよ。赤ちゃんは一歳にならないうちに、「わかったよっ！」って答える力もあるし、それから「嫌だっ！」って言うこともできるし、人を褒《ほ》める力もあるし、それから「恥ずかしい」って言うこともできるし、おいしい時は「頭なりなり」って言うんですよ。それから、自分を褒める「万歳」って言う力もある。こういうふうに、もう一歳たたない赤ちゃんが、動作で自分の気持ちを伝えてくるように育てるのです。それを大人が感じとれないと、なかなか赤ちゃんは泣いてばかりいるんだなんす。だから、「この赤ちゃん育てっていうのは大事だ」って言われてました。

「赤ちゃん育て」が過ぎると、今度は「顔遊び」を教えるんだなんす。

　こーのげどのが　めかけを連れて　花見に行って
　えば　方々の人に　口々に言われて　甚だ迷惑だ

ってこうやるの（鼻の先を人さし指で押しあげる）。すると、赤ちゃん喜んでここだけやるんですよ。

こうやって顔を見せるんだなんす。顔見ることを教えるの。人が来たらすぐ顔見るっていうように、ちょっとおがって（育って）きたら、今度は「にらめっこ」するの。

　ちょつ　ちょつ　あわわ　かいぐり　かいぐり
　とっとのめ

って、こうやるすぺ。これは遠野だけでなく、全国に伝わる育て方なんだそうですよ。この遊び方は動作と、遊びと、言葉と、くっついている。ばらばらでは駄目なんですよ。「ちょつ　ちょつ」っていうのは、人は恥ずかしさを忘れないように、謙虚に生きろっていうこと。「あわわ」は、余計なことを言っちゃ駄目。耳の穴を大きく開けて、よく人の話を聞きなさいっていうことなそうです。「とっとのめ」っていうのは、目先のことに惑わされてくよくよしないで、ずーっと向こうを見て、私はあーなるんだという目的を目指して生きていくことが大事だって教えてるんだそうです。

それから、

　だれっと達磨《だるま》と兎《うさぎ》と狐　笑ったら拳固《げんこ》　アップ

っと、こう「にらめっこ」する。これは相手の目を見る遊び。気の弱い子もいるし、きょろきょろする子もいるから、それで相手の目を見て、負けないぞっていう気持ちでにらむと、自然に相手の目を見ることが恥ずかしくなくなる。ここまで遊びで、人に一対一で向かって、相手の目を見て人の話を聞くことを子供の身につけさせるのです。

二　相槌《あいづち》と「豆っこ一つ」

ところが私の祖母がなんす、数え年五歳ぐらいになったら、「昔聞かせっから来《こ》ー」って呼んだんですよ。「えー、昼間か?」って思うの。遠野ではなんす、「昼間、昔語るづど鼠《ねずみ》に笑《わら》れる」って言って、昼は全然語ってくれないんですよ。そして夜だけ昔話を聞かせて、昼は「遊べー遊べ」って遊ばせたんですよ。だから「昼は聞けない」と思っているのに、祖母が「昔聞かせっから来ー」って言って。そして「ここさ、座れ」って言うんですよ。祖母もちゃんと正座をしてなんす、昔の人たちっていうのは、針仕事をする時でも、何する時でも正座をしてでやったから、それで正座をするから、私もまねっこして正座したんですよ。

そうすると、おれの目見て、「『ハッ』って、言え」って言うんでがんすよ。遠野では昔語るとき、「昔、あったずもな」って語り出して、それから語り終わったら、「どんどはれ」って言うんだなんす。その間、黙ってお膝《ひざ》っこついで、「昔あったずもな」ったら「ハッ」、「爺ど婆どあったど」ったら「ハッ」って、こう相槌打って聞がねばねんであんすよ。だけど聞きほれで、その相槌を打つってことを忘れでるんだなんす。んだがら黙ってこうやって聞いでっとなんす、語らなくなるんでやんすよ。

「あれー」ど思って、「『ハッ』って言えって言った」ど思って、「ハッ」って言うと、また祖母語るんだなんす。だから、「こりゃ止まらえでは困る」と思っから、「ハッ」「ハッ」「ハッ」っとこうやったんでやんすよ。すると「うるせえなぁ、ちゃんと聞け」って言われるんでやんすよ。だって、「ここで『ハッ』って言え」なんて教えねんだもの。だから、「どこで『ハッ』ったらいいんだべなぁ」と思って考えて、「そうなんだど」って言ったら「ハッ」と言うと、祖母、にこっとするの。

「あぁ、ここか」と思って、それからやり方わかってやったんだけど、今度はいっつも同じ話ばかりするもんだから、飽きてしまって、あっつ見、こっつ見やったんですよ。そうするとまた語らない。だから、絶対に目を見て、一話聞くうち相槌を打って聞かねばねがったんすよ。「豆っこ一つ」という昔話は、これがすごく遠野の人たちにとって大事なことだったなんす。「昔話の語りの基本になるんだど」って言われていて、ずーっと昔から語り継いできたんだそうでござんす。

まず、その「豆っこ一つ」という昔話を皆さんに聞いでいただきたいと思います。子育てっていうのは人間らしく生きていく人を育てるもとなんだそうですよ。だからそういう人を作るために育てるんだからなんす、「豆っこ一つ」も小さい子に聞かせるんだけれども、大人になって、死ぬまでのことをずーっと語りの中で、毎回聞かせる中でわからせるのがこういうもんなんですよ。だからその「豆っこ一つ」語るから、相槌を打って聞いておくれんせ。五歳じゃなくても、大人になっても相槌打って聞くよなんす。この相槌の打ち次第でなんす、人は良い人、悪い人、信用できる人って見分けるようになってるんでやんすよ。じゃなんす、「豆っこ一つ」。

　むがすあったずもな。あるどごろに、爺ど婆どあったったど。爺ど婆は貧乏だったずども、早起きで、あさま早ぐ起きで、婆はうち掃いだずす、爺はニワ（土間）っこ掃いだど。そうしたどごろぁ、豆っこ一つめっけだど。

「婆様な、婆様な、豆っこ一つめっけだますが、これ畑さ蒔《ま》いで千粒にすんべか、それとも臼《うす》ではたいで黄粉《きなこ》にすべか」

「そうだなもす、種っこはとってあるから、臼ではだいで黄粉にすもせ」

「はぁ、ほだらば大っきな鍋《なべ》で煎《い》んべか、小せ鍋で煎んべか」

「大きな鍋で煎もうせ」

「はぁ」

　爺様ぁ、婆様に教しぇられだとおり大きな鍋出してきて、火ぼどさかけで、たった一つの豆っこを入れで、かーらかーらかーらかーらど煎ったど。そうしたどごろが、その豆っこぁ、二っつになり、三っつになり、四っつになり、どんどんどんどんと増えて、大きな鍋さいっぺになったど。

「婆様な、婆様な、まんつこりゃ、豆っこぁ大きな鍋さいっぺになったが、これ大っきな臼で搗ぐべか、小せー臼で搗ぐべか」

「大っきな臼で搗き申せ」

「はぁ」

　爺様はまた婆様に教しぇられだとおり、大きな臼を出してきて、豆っこをあけで、ざっくらざっくらはだいだど。そうしたどごろぁ、その豆っこぁ、またどんどんどんど増えて、大きな臼さ、いっぺになったど。

「婆様な、婆様な、まんつこりゃ、豆っこぁ大きな臼さいっぺはだげだが、早くコロス（篩《ふるい》）っこ貸し申せ」

「あやー、おれぇの家ぁ貧乏だからコロスこなどねぇますが」

「ほだらば、太郎太郎、隣さ行って借りでこ」

「おら、表から行ぐづと馬っこいて、ヒヒーンって鳴くからやんてが」

「ほだら裏から行って借りでこ」

「おら、裏から行ぐづとベゴ（牛）っこぁいて、モーって鳴くからやんてが」

「なぁにな、太郎ぁ、まだ犬の子っこだもの、馬こもべゴこもおっかねべ。ええ、え、そだらば、爺の褌《ふんどし》の端こでおろすから」

　言って、爺様ぁ、褌の端こ、すれぇもれぇすれぇもれぇ出して、ばふらばふら、ばふらばふらど、黄粉《きだご》おろしたど。そうしたどごろぁ、大きなこね鉢さ黄粉ぁいっぺ取れだったど。

「婆様な、婆様な、まんつこりゃ、大きなこね鉢さ黄粉ぁいっぺ取れだが、これどごさ置いで寝だらばいがんべ」

「そうだなもす、棚さあげれば鼠ぁ食うす、下さ置げば猫ぁなめるがら、爺ど婆の間《えだ》っこさ置いで寝だらばいがんべ」

「はぁ」

　爺様はまた婆様に教しぇられだとおり、その黄粉のいっぺ入ったこね鉢を、爺ど婆の間っこさ置いで寝だんだど。

　ところが夜中に爺様ぁ、ボガーンと大きな屁たれだど。そうしたどごろぁ、その黄粉ぁ、バフーと、みんな屁っぴり山さ飛んでってしまったど。こうしたことを、「あったら神のお授けを、焼いで粉《こ》にして屁で飛ばす」ってしゅんだどさ。どんどはれ。

　これはなんす、小さい時は、「あぁ、ばふらばふら、ばふらばふら」とやるぞとか、「あぁ、今に褌出すぞ」とか、「屁たれんちょ」とか、そこ面白くて聞いだもんでござんしたよ。ところがだんだんに年取ってきたら、屁の話は人を馬鹿にした話だよなんす。なぞかげで、「山と山の間っこから、法螺《ほら》貝《がい》っこ吹いて来るものなんじょ」っていうのがあったったのなんす。そうしたらそれは屁だったの、「オナラ」。で、「話が下がったらおしめにせ」って、そういうごどで、屁の話が出たら、おしまいだったもなんす。

　ところがこれ屁の話でござんすぺ、だから、「なんでそんな汚ね話しゃべるんだべ」と思ったんですよ。そんでも「昔聞かせろ」って言うと、「んじゃ、『豆っこ一つ』からだぞ」って言うんでやんすよ。必ず膝っこついで、「ハッ」「ハッ」って相槌打って聞かなきゃねんだもの。とうとうそのこと我慢でぎなくなって、これは祖母に最初教わって、次隣の家のお爺さんに教わったの。だがら、「お爺さん何して、同じ話ばがり語るの」って言ったの。そしたら、「おー、ようやぐ聞いだな」って言ったんでやんすよ。「だって、お爺さん、『黙って聞げ』、『ハッて聞げ』って言って、聞かれながった」って言ったの。

　昔話はいろんな人の生き方が伝わってるから、それを話だけではなく、教えてるものの奥を酌《く》み取る力をつけようとして語るんだそうですがなんす。それだから聞くことがすごく大事。だから同じ話を繰り返し聞かせる中で、「なんでおんなじこと言うのかな」とか、「どういうこと言ってんだべな」と子供に気づかせて、考えさせながらやってくためにおんなじ話を語るんだそうですよ。

　私もたまりかねで聞いたら、お爺さんたちが、「ようやく聞いだな」って言ったの。「どうして『黙ってろ』って言ったの」って言ったら、「人の話っていうものは、ずらずらっと聞いては何にもわからないし、人っていうのは、同じ話をする人っているから、そういう人がなぜこの話をするのかな」っていう、その話を聞く力、つっこんで聞いてあげる、そういうのが自分を信頼してもらう一つのやり方、生き方なそうです。

　私たちはそれには気がつかないで、昔話だけを聞こうとしたんですよ。だけどお爺さんは昔話を語った後に、そういう話を聞かせていたったんでやんすよ。だから「生きていく時に、人を見ればわがるんだから。下向いて聞く人にはしゃべったって、相手になってはくれない。人は人とお互いに助け合って伸びていくんだから、そんな人を相手にとると伸びれない。それから相槌が『ハッ、ハッ、ハッ』っと早い人は、聞いてます考えてませんということ。そんな人は相談にならない。あっつこっつ見る人もこりゃ、危ない。やっぱり自分の目を見で、『ハァ、ハァ』って聞いでくれる人に向かって話を言う。またそういう話かけで、『あの人ならいい』と言って話しかけてくれるんだから、その時はちゃんとその人の目を見て、一話聞き終わるぐらいの間、『そうか、そうか』というように相槌を打って聞けば、この人いい人と思って信用してくれるんだ」って、そういうことを教えてくれたんですよ。

三　昔話に込められた教訓

　昔話というのは必ず教えがあるんだもなんす。教えがある。「あったら神のお授けを、焼いで粉にして屁で飛ばす」っていうこの言葉はなんす、諺《ことわざ》としても使うんですよ。どういうことかっていうと、お爺さんが、「婆様なじゅすべ、婆様なじゅすべ」って、一生懸命もの聞いでやったすぺ。こういうふうに人からもの聞いてやる、これほど楽なことはないそうですよ。

　でも聞いでばかりやっていると、ものを考えない人になってしまう。そういう癖がついて。必ず人には人生の終わりがくるから、その時、「私は何をやればいいんですか」って言ったたって、誰も教えてくれない。だからそうじゃなくて、考えてやる人になって生きていくと、今なら必ず職業の定年がくるから、定年が来れば、お金もどっさり、お暇もどっさり、それからやりたいこともどっさり、そういうふうにして生きていけばいい。だから考える人になってやらなきゃならない。爺みたいに、「なんじょすんのよ、なんじょすんのよ」って、婆ばり当てにしては駄目だということなそうでやんすよ。

　それから女《おなご》っていうのは早知恵で、「あぁせばいい、こぉせばいい」と、ぱっぱ、ぱっぱとひらめくんだど。でも考えついたら、良かれ悪しかれ、ぺらーっとしゃべる。これが女の性《たち》なんだど。それを爺がまどもに受けて、「はぁ、はぁ」ってそのままやったから、神様のお授けを屁でふっとばしてしまった。「こういう罰当たりな生き方をするな。男の人は底知恵があるがら、お互いに爺ど婆ど知恵を出し合ってやればうまくいく」っていうことなそうであんすよ。

それからなんす、人はみんな誰でも三回は運が授かるように生まれできてるんだど。だけども、神様直接じゃないから、誰かが「これをお願い」って用を頼むかもしれない。その時に、「やんたな（嫌だな）、でんだべが（できるだろうか）」と尻込みしてると、誰かが「私やってあげる」って言う人が出るんだど。そうすっと、「あぁ、いがった。あの人やってくれる」って思う。でもその人はできない人だから、「どうやればいいんですか」って聞きながらやるんだど。そうすっと、「なんだ、あんなに聞きながらやるんだったら、私のほうができる」って思うんだど。だがら先に頼まれた。でもぐずぐずしたから、そっちへ行ってしまった。「よし、今度こそ」と思って待つんだど。ところが次に来る時には、「やります」って言った人のほうに来る。みんなどの人も人に見られて生きている。見ている人は人のことだから、「いい時だがな、『はい』って言えばいいんだがな」っていうことがわかる。だから自分が頼みたい時はそんなぐずぐずする人はよける。そして気の利く人に頼むんだど。だから頼まれたら、「いっぱいいる中で自分があてにされた」と思って、「はい」って引き受けるんだ。そうしてやっていくうちには、どんどん自分が伸びていくということなそうですよ。

でもがっかりすることはないんだど。ぐずぐずする人がいたら、「私やってあげる」って言えば、運が四回になるんど。すると、「あぁ、気利ぐなぁ」って言う人もいるんだど。また、できない人は、「ありがとうございます」って感謝をするんだと。できない人にやってあげて感謝をされて、「あの人気利く人」と思われて、人の運を戴いで生きでいく。これが生きでいく時のコツなそうですよ。

それを教えちゃ駄目。子どもに気づかせなきゃならない。だから一三あたりまでかかって、こういうことを気づかせたんですよ。そうすると、すっかり精神に染みついてしまって、「これは私に来た運かな、だったら尻込みなんかしてられない」って思いあすぺ。そうすると、でっかできねがどいうよりは、「頼まれたんだがら、やらねばねぇ」って気持ちになるんですよ。そういうふうに精神を育てていくのが昔話だったそうです。私はそういうふうな育てられ方をしたから、それで、「とにかく頼まれたら行くべ」と思って、東京まで行ってしゃべったりするすぺ。大きな劇場でしゃべるなんて、これとても大変な、考えたらできないことなんだけれども、やってしまう。そういうふうに、「これはやらなきゃない。そういうふうに人を作ってしまうのが、昔話なんだ」ってそう言ってました。

だから同じ話を繰り返し語る。それから語り手には十八番《おはこ》があって、あれも語る、これも語るんじゃなくて、十八番があって聞かせると、「一生懸命あればばり聞かせる爺様だったが、こういうことをちゃんとやって生きて行けということで、私に聞かせたんだな」と思う。こういうことが自分を伝えるということなそうですよ。だから私はお爺さんお婆さんの精神を受け継いで生きてるわけだよなんす。

「なかなか学問からは生き方は学べない。こういう身近な人が教えてくれた話やそういうものの中で身につけたものが、自分を動かして生きていく力になるんだ」っていうことを、「豆っこ一つ」を二三あたりまでかかって聞いたときに教えだったがなんす。それが役にたって、何とか自分を動かすことができるけれども、このように身につける力っていうのは自分を動かす力なんだそうですよ。

四 「早池峰山《はやちねさん》には白いお犬がいる」

遠野では「昔話は夜語るもの、遊びは昼やるもの」だったんだよなんす。子どもは遊んで育たないと駄目でござんすぺ。「人は、我慢、努力、勇気、これがないと駄目だよ」って言って、いろんな話で心を育てていくようになってるし、人は「見る、聞く、かぐ、触る、味わう」といった五感を持っているから、それを両方おこしてやらなきゃならない。

それから「恥」というものを教えなかったら、人は生きていけない。なんぼ偉くなっても、恥のわからない人は、あの人立派な人とは褒めてもらえない。恥をわかってれば生きやすい。だから子どもには恥を教えることが大事だということでした。

「囃《はや》される」ということは、自分の欠点を教えてもらうことなんだよなんす。だけど今は誰も囃さないし、相手に向かって馬鹿とも言わない。言われて怒って、初めて相手の欠点も見えるし、相手の欠点が見えたことは自分もやらないから、そういうことで教えられたから、囃すということは、すごく大事だったんだよなんす。囃すことで自分の恥がわかったんです。挨拶と返事をする、くれたりもらったりをちゃんとする、それから食事の作法をちゃんとする、お尻を出さない。これを守っていれば恥は守れたんだそうですよ。

こんなことでなんす、「昔話とわらべ歌は対だ」って言ったんだけれども、昼の遊びがないと子どもは育っていけない。話だけを聞いたんでは、人は感じる力が育たないから、それで話だけじゃなくて、遊んで自分を動かして、感情、感覚を豊かにして、感謝をする力、念ずる力、恥を感じる、それから勝ちたいという気持ちを持って生きないと駄目だということで、昔話と遊びを同じものとして教えたそうです。

短いのを語るからなんす。遠野は四方山に囲まれた盆地だよなんす。東の方には六角牛山《ろっこうしさん》、西の方にはお石上山、北の方には早池峰山というお山があって、これ、「遠野三山」と言っているけどなんす。この三山のうちでも、特に優れたお山は早池峰山だというので、昔は北の霊山と言われて、山伏のような人たちが大勢やって来たそうでござんす。その「早池峰山には白いお犬がいる」って言われておりんした。お犬っていうのは早池峰山を守っている白いお犬、っていう感じでした。昔話として語りましたので、それを語ってみるからなんす。

むがすあったずもな。早池峰山に、白いお犬いだったど。その白いお犬ぁ、時々早池峰山の岩のてっぺんさ上がって、

「ウオ――――ン」

って吠《ほ》えるんだど。そうすっつど四方の山のお犬どぁ、

「そりゃ、呼ばってだ」

って言《し》ぇって、わらわらど早池峰山さ集まって、その白いお犬を先立ちにして、この遠野の山の尾根から尾根さど、風のように走るんだど。これを遠野の人だぢは「千匹狼」といって恐れたもんなんだど。だからわらしゃどぁ（子供たちは）、いつまでも夕ま、寝ねぇででっつど、

「ありゃ、千匹狼来っから寝ろ寝ろ」

って寝しぇだもんなんだどさ。どんどはれ。

これを今度は歌として歌います。歌として歌うと、歌がその昔話を思い出してくれるんです。

♪ねんねん　お山の　白お犬　一匹吠えれや　みな
吠える
寝ろねろ　寝ろでば　このわらす（子ども）　寝
ねずど　お犬にさらわれる

「これが歌で、昔話と歌は組みなんだど。そして遠野に伝わってるものは全国に伝わっているものと同じなんだど。だからこの歌もねんねんころりよの節を使って遠野の伝承を歌ってんだどよ」って、そういうふうに言ってました。これが遠野の昔話とわらべ歌の語り伝えとして、ずっと昔から伝えられてきたことなそうです。どうもありがとうございました。（拍手）

語りのライブ

――岩手県下閉伊郡岩泉町の語り――

高橋貞子

一　幼い時に聞いた昔話の思い出

岩手県の岩泉町から参りました高橋貞子でございます。皆様方には、私どもの方言をわかってもらえないぐらいの昔の方言を覚えていますけれど、それで話そうかなと、さっきから考えていました。すごい方言を覚えています。意味がわからないと思いますが、話してみましょうか。しかし、それは後ほどだそうでございますので、スケジュール上、子どもの時の思い出などを先に話させていただきます。

私は六人兄弟姉妹《きょうだい》の真ん中です。そして、すごくいい赤ん坊だったそうです（笑い）。いっつも母に褒《ほ》められました、こればっかりは。おまえは育てやすかった。泣かないで、とにかくすやすや、すやすやど眠ってでばっかりいで、馬鹿でないかと心配するほど眠っていたんだそうです。それでおまえのくらい育てやすい子はなかったと、それだけは本当に褒められました。今もその通りしてます、昼寝上手で。

ところで私は、物心ついた時にすでに昔話の中にいました。それはもう、父が話してくれる、母が話してくれる、母方の祖母が話してくれる、伯母が話してくれる。それが昔のことで、「泊人《とまりうど》」という、逗留《とうりゅう》が長いんです。それこそ交通不便な所を来ますので、そのぶん長く泊まるんだと思います。もう一週間ぐらい泊まっている。そして来るときは、伯母のほうも嬉しそうに、「泊人が来たよー」って叫びながら入って来るんです。そうすると私たち姉妹が飛んでって、伯母の荷物を受け取ったりなんかしまして。その頃伯母はトラックで来るんです。

そしで母方の祖母が来ても、泊人。「おばあさん、よくおでんした」なんてみんなに挨拶されると、「ハァ、泊人が来ぁんした」って言って、とにかく一週間なもんだか十日なもんだか、ゆっくりしていくんです。話が横道にそれますが、祖母が発音するとき「ハァ」って言うんですよ。「おばあさん、よぐおでんした」って言うと、「ハァー、泊人が来ぁんした」。この「ハァー」て言うのを「ファー」って発音する、そういう古い発音のしかたが岩泉には残ってました、私が子どもの頃。

そして泊人が来て、何をするかと言えば、とにかく子どもたちを集めて昔話。何で私はこんなにたくさんの語り手に囲まれてたんだか、今になっても不思議なほど、みんなから昔話を聞いてました。私はいつから聞いたと言われても、姉も兄もありますし、妹も弟もありますので、誰かが話してもらって、それをこう何となく耳にして赤ん坊時代を過ごしましたし、あるいは母の胎内で聞いてたかもしれませんし、本当に昔話を聞いていました。

それも字を覚えるまでで、文字を覚えたらば、本のほうが良かったですね。昔話は面白かったけれども、本にはかないませんでした。本なら何でも良かった。普通月刊で大人が読んでいる『文芸春秋』みたいなの、『日の出』だの、『キング』だの、何でも読んでいました。だから大人の恋愛小説、小学校三年生の時に、もう理解して読んでました（笑い）。何で読めたんだろうって思うと、その頃振り仮名がついてたんですね、みんな。だから読めるわけです。

そんなこともありまして、いずれ子どもの頃は父は事業家だったんですが、本当に忙しいのによくあんなに話してくれたもんだと、今、感謝しておりますけれど。母もそうでした、お裁縫しながら話してくれる。祖母なんてのは本当に一〇〇なもんだか二〇〇なもんだか、いっぱい覚えてますっけ。伯母は父の姉なんですが、お話がまったく父と同じなのねー。本当に「カワウソとキツネの話」のときも同じなんです。「よーいとこらさーすここんこん　よーいとこらさーすここんこん」、あのキツネがしっぽを凍った池から抜くときのね、あのお話なんかも、寸分違わず伯母と父が同じに語るんで、ハァー、やっぱり姉弟なんだなと思いましたっけ。そんなようなことでずいぶん昔話を聞いて育ちました。

その時、たいへん私は幸せでした。昔話っていうのは自分に向かって話してくれる、自分が認められているような安心感があるんですよ。それでとっても幸せな体験だったなと思ってて。ところがその後、文字を覚えたら本がよくて、その頃毎月、本をとってもらっていたのですが、兄弟姉妹が多いから、毎月来る本が、兄は『少年クラブ』、私たちは『幼年クラブ』、姉は『少女クラブ』とか、そんな感じで、毎月いろんな雑誌が届いてくるので、本の方が面白いと思って暮らしました。

二　子育てがきっかけで昔話を集める

その後、盛岡の女学校に進みましたが、全然昔話は忘れていました。思い出すこともありません。卒業して岩手県庁に入りましたらば、戦争中だったので、『岩手のすねこ・たんぱこ』を書いた平野直《ただし》先生って方が同じ課だったんですよ。それでも私は、この方は平野直先生って思うだけで、何も昔話のことを話し合いませんでした。

それが不思議なことに、自分が母親になったときに、赤ん坊の顔を眺めていたらば、私は子どもの時何か幸せな体験をしたんだけども、あれは昔話を聞かせてもらったんだっけなぁと思ったんですよ。それでわが子にも昔話を聞かせてやりたい、何だっけあの昔話って思ったら、「火っこをたんもうれ」の言葉を思い出したんです。「火っこをたんもうれ」とは、隣の怠けお婆さんが火種をきらして、もらいに来る話というのが岩泉の昔話にいっぱいあるんです。そうしたら私も少し変わった人間なもんですから、昔話の火種のような気がしたんですね。「昔話の火種をください」って言われているような気がして、昔話の一つずつをとってもいとおしく感じました。

どんなお話だっけな。それから思い出したままを書いていったんですが、なかなか自分で思い出せない部分がある。そうすると兄弟姉妹たちに聞いてみる。そうすっと兄弟姉妹六人のうち半分でした、昔話を良く覚えているのは。半分はまったく覚えていない。同じに育てられたのですよ、子ども部屋ってあったわけじゃなし、同じに育てられても、関心があるのとないの違いなのか、時々暖め返したわけでもないんですよ、私なんか。本当に思い出してもみなかった。それを突如、母親になったとたんに思い出したんです。子ども達に聞かせたいなぁ。それが私の昔話を集め出したきっかけです。

同級生ぐらいの方に聞いてみると、本当に意外や意外という感じでした。昔話を聞いて育ったと言う人はそんなにはいらっしゃらない。ハァー、そうかなぁと思って、私は特別な育てられ方をしたんだなと、その時気が付きました。ところがどなたが覚えているかもわからない。岩泉町って広い所なんですよ、日本一です、面積だけは。山林が九四パーセントもありますが、その広い岩泉町で誰が覚えているかわからないけども、とにかくいろんな手づるで集め出したんです。

そうすると、私は町場に住んでるんですが、その頃岩泉の町もすごく交通が不便で、町場に買い物や用足しに来ても、帰るためのバスの時刻の間があって、体を余してる人たちがいらっしゃるわけ。そこで私は、その人たちを招き寄せて、お茶やお菓子を出したりして、「昔話を知らないか」って聞くわけです。「物好きな奥さんだな、この奥さんは」って言われましたよ。でも物好きが良かったんですよ。物好きになってしまったために、黙ってても教えに来てくれたりして、それからは、ずいぶんいろんなお話が町内にあるんだなーっと、今度は思うようになりました。

家は薬屋なもんで、ずーっと店にいなきゃならないの、私は。主人の方は、私の父に引っ張られて自動車会社を興して、そっちのほうの仕事をしてるもんで、私はメモ帳をこの辺に入れてて、大急ぎでメモをしたり、とにかく必死の思いで昔話を集めたことが懐かしいです、今は。良くやったなぁと思います。商売しながら昔話を集めていました。電話も役立ったのですよ。

わがらない時は電話で聞きただしたりなんかやりました。テープはだめでした。テープをを使うと、話す方が「昔々あるところに、お爺さんとお婆さんがいました」になるんです。だからこりゃだめだと思って、テープは使わないで、もっぱら私流の速記です。

一冊目の昔話集には『火っこをたんもうれ』と名付けました。もともと私は、『火っこをたんもうれ』と名付けた昔話集が本になるなんて思ってもいませんでした。ただ平野直先生が『岩手のすねこ・たんぱこ』を書いた方だから、その方にお見せしようとお電話したんです。すると、先生は、「昭和一八年（一九四三）に、僕は『岩手のすねこ・たんぱこ』を書いたんだが、その時これで岩手の昔話ってのはもう出てこないだろうと思っていた。やっぱり岩泉なんだなぁ。じゃあ、すぐ持ってくるように」っておっしゃるわけ。私は持って行きました。

そしたら平野先生も、私がこの髪をお下げにして県庁に勤めていたイメージばっかりあって、まるでおかしかったんですけども、先生がお下げ髪の少女と現実の私がこんがらがるんですよね。まぁ、いずれそのまま置いてきました。そしたら電話が来ましてすぐ、「これ本にしないかと熊谷印刷の社長が言ってる。本にしなさい」。そこで「本にするんだったら私は書き方も知らないままただ書いただけですから、書き方を教えてください、書き直します」って言ったの。そしたら「土から掘り起こしたところが、本当のいいところなんだ。このままでいい」っておっしゃる。

私は慌《あわ》てました。慌てましたけれども、まぁいずれ本になりまして、その日ちょうど一〇〇〇冊できた本の一〇冊ぐらいたないで（持って）、茂市《もいち》駅に着きましたなら、國學院大學の学生さんたちが昔話の聞き取り調査をなさってて、そこでお会いしたんです。学生さんたちは、「あらー、私にもください、私にもください」とかなんとかおっしゃったので、二冊だけ残して、家に帰る途中でお世話になっている方に一冊あげて、残り一冊持って家に戻りました。感激しましたね、あのとき私は、あーぁ、本になったんだと思って、一人でぼろぼろ泣いてました。

三　『河童《かっぱ》を見た人びと』などをまとめて

ところが私が書き方も知らないで書いてるために、表記の間違いがあります。『まわりまわりのめんどすこ』までまるで見られたもんではありません。表記の間違いです。そうすると、地元の佐々木先生、高校の先生で百姓一揆の研究している方がいますが、その方もいろいろな本出しておられて、「表記のまちがいなんて気にするな。話の方が大事でないか。お話集める方が大事なんだ」と言ってくれました。

本当にその通りで、昔話を聞いたお年寄りたちが次々と亡くなられて、あの時聞いておいて良かったなぁと、本当にそう思います。いずれお話を聞かせてくださった方もほとんどあの世に行かれてしまって、私自身も八〇歳を迎えました。そうすると、よくやったなぁと自分を自分で褒めてました。昔話を聞きながらいろんなことを聞いたんです。私はあんまり農家の生活をよく知らなかったもんで、本当に感激しました。そして昔話は形式をたどって話す話だから、わりとまとめやすいので、昔話を先にしただけであって、昔話よりもいろんなことがあるんだなぁと思いながら記録を続けました。

とにかく書いて置きました。書いて書いて、昔話の次は、『河童を見た人びと』『座敷わらしを見た人びと』という本をまとめました。八〇歳になったら、もうできないんだなぁと思った時がありました。もう本を作るエネルギーはないと思って書き上げた原稿用紙はこんなにあるんですが、教育委員会に持って行きました。「これ預かってください。役に立つか立たないかわからないけども、役に立たないのは捨ててください」と言いました。ところが八〇歳になってみますと、また少し元気が出てきまして、自分でやろうかなとか、今、思っております。そんなところでございます。

語りの方は、私は本を書いてるんだから仕方がないんですよ。「地元の小学校に来て話してくれ」とか言われて、行って話して来たりするんですが、話は下手です。それで皆さんの語りをお聞きして、びっくりしてしまいました、皆さんお上手でというか、本当に大したもんだなと思いました。私は岩泉にいて、親から聞いた通りの語りをしているんです、小学校に行ってもどこにいっても。少し叩《たた》かれた方が人は上手になって成長するんでしょうけども、それを叩く人がいない。「伝承サークルを作って一緒にやりましょう」って、働きかけてやってはいるんですが、本当に語りを継ぐ人がいない。岩泉弁でしゃべるのが恥ずかしい、しょおしいそうですので、若い人たちが真似《まね》ないんですよ。困ったなと思ってますが、私がいなくなったら誰かがやるんじゃないかなと期待しています。

私の息子は私の書いた昔話の本を子どもたちに読み聞かせていました。嬉しかったです。朝起きてくると、孫が「おばあちゃん、夕べのお父さん読んでくれた話ね、面白かったよ」って。「何が面白かったの?」、「かぶけぇの話がおもしろかった」。「蕪粥」っと私は書いてますが、「かぶけぇ」って言うんですよ、岩泉では。小学校に行こうとすると、孫の一人が、「今日は、おばあちゃんが学校に来るんだよ」って、とても喜んでくれるんです。そしてだんだん大きくなってきたら、「お話の題、先に教えた方がいいよ、おばあちゃんは題をしゃべらない」とか、それから「前段が長すぎる」とか(笑い)、いろいろ言ってくれるんです。言ってくれるから、とっても良かったです。

孫たちは盛岡の高校にみんな行きましたもんで、盛岡でばったり会うと、「おばあちゃん昔話なにかしゃべって」って言うんですよ。すごく嬉しいです、そういうとき。それで「何がいいの」って言うと、「なんだがあれ、なんだかあったったごと、こう高い高い山へ、ずーっとずーっと上がってくってお話があったごと」っていうようなことで、まぁ突如昔話を語って聞かせるはめになったり、まぁそんなようなことで、あまり語り部として堂々としていられません。

先にお話し申し上げた岩泉弁の古い話っていうのは、私が五〇代の時に、七〇代のお婆さんからお聞きしたんですが、そのお婆さんは若いときに東京で暮らした方です。結婚してからの新婚時代を東京で、その後盛岡で長いこと過ごされて、岩泉に帰って来た方です。そのお婆さんが、よくまぁ昔の岩泉弁を覚えていらしてて、昔話も覚えてる方で、『火っこをたんもうれ』の本ができたときに、「本が出来た」って私の手を取って泣いてくださった。「あらぁ、こんな立派な本に収めていただいた」って、とても喜んでいただきました。そのお婆ちゃんが出版記念会に昔話を話してくれることになって、「もしその日に間違っては困るから、前もってテープに取って置く」って話してくれた話なんですけれども、そのお婆さんが出版記念会になったらば、別の話したの（笑い）。「途中、まずがってなぁ」っておっしゃいましたったが、私もそんなトンチンカンやるような年齢になりました、本当に。

四　「瘤取《こぶと》り爺さん」

皆さん覚えているお話なんですが、「瘤取り爺さん」の話。いっぱいわからないところが出てくると思います、昔の岩泉弁の。ある時、ＮＨＫの方にお聞かせしたんです。「この話わかるでしょうか」って言ったら、「わからないでしょうね、全国的には」っておっしゃいました。皆さんもたぶんわからないと思いますけれども。遠野の方が一部わかってくださるかどうかわかりませんけれども。まぁ、話してみます。

昔むがし、あったど。

ある村に右のほっけぇ（頬）に瘤のあるお爺さんと、ひんだりのほっけぇに瘤のあるお爺さんが、隣合って暮らしていだったずが。そのお爺さんがどうが外さ出はっつうど、

「あらあら瘤爺が来たが見ろ見ろ」って、まぁ、まぁ囃《はや》されて。そして、まがって（覗《のぞ》いて）見る人もいれば、後ろがらついでくるワラシ（子ども）もいれば、指さすワラシもいだりして、などもかどもしょぉすがった（恥ずかしかった）もんだずうが。

稼ぎさ出はっては笑われ、外さ出はってぁ笑われしたずものなぁ。なかでも右のほぉっけに瘤のあるお爺さんは、こどのほが、はあ、

「いやはや、こんたにワラシがどうに、笑われるこってあ、おれあはあ、この世の中が嫌になった。だれも人のいない、別のどこさ行って住みたいものだ」と思ったど。そしてある日、どこをどうともなく、山を上がって行ったずうが。ずーとずーっと上さ行ってえば、だんだん　だんだん日暮れになってきたったど。

大粒の雨が降《お》ってきたど。お爺さんは、

「困ったなぁ、雨が降ってきたがなあ」

と、そう思っているうちにざんざめいで降ってきたずうが、雨が。

「おやおや、困ったな、つぴたる（しみ入る）ような雨だが。どごが大木のウド（洞《ほら》穴《あな》）でもあったら、そのウドさ入って雨宿りすっぺ」

お爺さんはそう思って、顔を濡らしながら辺りを見回したずうが。そしてえばちょうどいいあんばいに、大きな大木があって、大きなウドがあったたずうが。

「あぁ、よしよし、あのウドさ入って、今夜雨宿りすっぺ」

右のほぉっけに瘤のあるお爺さんは、そのウドさ入って行ったずうが。そしてぐっすり眠っていだずうが。そして真夜中になった頃、なんだががやがや、がやがやど、話し声のような音がすっつもの。何の音だべな、変だなど思って、だんだんお爺さんは目が覚めてきたど。そしてえばがやがや、がやがやずう音は、何でも太鼓《てえご》のような音で、そしてだんだんお爺さんの寝でいる木のウドのほうさ近づいて来たど。お爺さんが外を見回したら、いづの間にが、すっかり雨が上がって、大ぎな月が照ってだったずうが。そごさ、太鼓叩ぎながら顔の真っ赤な天狗様《てんぐさま》がどうが、三人来て、お爺さんの寝でいだ木のウドの前さ丸ぐ輪になったど。そして歌こ歌だって太鼓叩いで、

「天狗、天狗、三《み》っ天狗、腕木《うでぎ》さねんがら餅は、杵《きね》さついで上がった、天狗、天狗、三っ天狗、ドンドンドン」。

まあ太鼓を叩ぎながらグルグルグルグルど輪になって踊ったずうが。お爺さんはそれを見でいるうぢに、なんだか体がこう、うがれだしてきて、だんだんだんだんウドがら体を乗り出して行ったど。

「ドンドンドン、天狗、天狗、三っ天狗、腕木さねんがら餅ぁ、杵さついで上がった、天狗、天狗、三っ天狗、ドンドンドン」

ってぐるぐるぐるぐる回って踊っつが。そしてお爺さんがだんだんだん体を乗り出して行ったために、天狗様がどうが気がついだもんだど。そして、

「あそごに、いい爺がいだな。爺、来てかだれ」

「さぁ、来てかだれ、かだれ、かだれ」

って引っ張り出したもんだど。お爺さんもぴょんと飛び降りで、お爺さんも歌っこも好ぎ、踊りも好ぎなために、仲間さ入ったど。

「爺をかでで（加えて）ー四《よ》っ天狗」

って言って入って行ったずうが。天狗様がどうが喜んで、

「おもしれぇ爺だなぁ、爺は。さぁ、一緒に踊っぺす」

やぁ、まぁそして何もかにも踊ったずうが、

「ドンドンドン」

って太鼓を叩きながら、

「天狗、天狗、三っ天狗、腕木さねんがら餅ぁ、杵

さついで上がった、天狗、天狗、三っ天狗、爺をかかで四っ天狗ドンドンドン」

って、ぐるぐるぐるぐると回ったずうが。そのうぢに、

「コケコッコー」

って、どっからが一番鶏《いちばんどり》が鳴いだったど。さぁー、そしてえば天狗様がどうが慌でるごど、慌でるごど、何もかにも慌でだど。

「さぁ大変だ、爺、明日もまだ来ぉよ。今夜はとても面白がったが。まだ来る約束の印におまえのこの宝の瘤を預かって置ぐが」

って天狗様が、ちょっと右のほっけぇに手を当てでだとたんに、まぁ、夢のように煙のようにすっと天狗様がどうはいなぐなってしまったど。お爺さんが、

「ありゃ」

って、こうやって触ってみてば瘤がねぇずもの。

「右のほぉっけぇに、ありゃ、ねぇなぁ」

ど思っているうぢに、港のほうがらだんだん白んできたったずうが。お爺さんは面白くて面白くて、山馳《は》せで、ころんずまろんずど馳せ降りだずうが。そして家さ飛び込んだど。

「お婆さんお婆さん見ろまぁ、俺のほぉっけぇの瘤がなぐなったが」

そってば、お婆さんも、

「わぁ、本当だがまぁ、お爺さん、瘤がなぐなりゃしたな、お爺さん。ほれ、触ってみでおでんせ、まぁ」

鏡のない昔のごどなもんで、二人してその瘤のなぐなったほぉっけぇさ触って、大喜びしていだど。

そしてだんだん朝まが明げできてば、

「火っこをたんもうれ」

って、隣のお婆さんが火種もらいさ来たずうが。そしてお爺さんとお婆さんが喜んでいるのを見で、

「やや、こっちのお爺さんは何して瘤がなくなったべ。してえ（とても）男ぶりのいいお爺さんになったが」

っつうために、夕べがら今朝の出来事を教えてやったど。そしてえば隣のお婆さんは、

「あぁ、いいごど聞いだ。俺も家《え》さ行ってお爺さんさ教えんが。お爺さんをすぐ山さやすけぇに（やるのだから）」

そしてお爺さんさ教えで、お爺さんを山さ、ぼって（追って）やったずが。お爺さんは、なども かども、気が向がなくて行きたくながったずうども、お婆さんにぼわれるようにされて山さ上がって行ったずが。上がって、上がって行ってえば、教えられだとおりに大きな木があって、大きな木のウドがあったど。それでそごさ入って寝でだずが。ぐうぐうど眠っていでば、教えられだとおり、天狗様どうが集まって来て、顔の真っ赤な天狗様がどうが三人で、

「天狗、天狗、三っ天狗、腕木さねんがら餅ぁ、杵さ付いで上がった、天狗、天狗、三っ天狗、ドンドンドン」

太鼓叩いでぐるぐるぐるぐると回って喜んで踊って

だずうが。ひんだりに瘤のあるお爺さんが、

「木のウドがら出っぺ」

ど思っても、あんまりちぢがまってだために、などもかども体が離れねずうもの。そして体を離す気になって、うんつかぷんつかしているうづに、天狗様どうが気が付いで、

「ほら、爺が来たが、一緒に踊っぺす」

みんなして手伝って引っ張り出されだど。引っ張り出されでみだものの、ひんだりに瘤のあるお爺さんは、歌も歌えねし、踊りも下手だったど。そしてえば天狗様がどうが、がっかりして、

「なんだべまぁ、夕べの爺のようでない」

ってこうやってみでで、

「何だ、違う爺でねえが、夕べの爺には右のほぉっけぇに瘤があったったが、今夜の爺はひんだりのほぉっけぇに瘤があんが。違う爺だな。何だ人を騙《だま》して」

って、何もかにも天狗様がどうに折檻《せっかん》されだど。そしてはあ、痛い目にあって、

「エーンエーン」

って泣きながら山を下って来たずうが。そしてえば隣のお婆さんは、

「今に家のお爺さんも瘤のねぇいいお爺さんになってくるごった」

ど思って屋根の上さ上がって、ブリキ叩いで待ってたったど。そして、
エーンエーンて来るのば、

「お爺さんが歌っこを歌ってくる」

ど思ったと。

血みどろけぇにされできたのば、

「赤い着物を着てきたふうだ」

と思って喜んでいたんだと。ところが、お爺さんさ取りすがって見でえば、なになに、まるで折檻されだ血みどろけぇだったために、がっかりしてしまったと。顔を見たれば、瘤は右のほぉっけぇにも付けられで、両方に瘤をぶら下げて来たために、お婆さんはがっかりしてまるではあ、二人でおいおいって泣き合ったずが。

ほんだすけにだだもでに人の真似するもんでねえど。

そればっかりきのこ汁。（拍手）

五「雀の敵討《かたきう》ぢ」

下手な語りでございます。申しわけないです。うまくいかないの私は。次は子どもの頃、父親から聞いた話をします。これもまた方言なもんでおわかりにならないかと思いますが。

むがしがあったど。ずーっとずーっと昔のこどだずも。おめだずのお祖父さんも生まれでね、その前のお祖父さんも生まれでね、その前のその前のお祖父さんも生まれでね、ずーっとずーっと昔のごどだずが。

ある村で、熊ど雀が結《ゆ》い稼ぎしたど。熊は鋤《すき》を持って土を掘り返す役だったど。雀は種を蒔《ま》く役だったど。そこで熊は一生懸命、鋤を振り上げで土掘って、そし

て汗流して、

「あぁ、疲れたな」

って後ろを振り向いだら、雀が種を、

「パラリと蒔いではチリンと食い」

「パラリと蒔いではチリンと食い」

してっつもの。

「雀どん、雀どん、だめだよ。そんなごどしちゃだめだよ」

「はいはい、これからいたしませぬ」

雀はそうってで、また熊が一生懸命土を掘って、そして汗流して、振り向ぐずうど、雀はやっぱり、

「パラリと蒔いてはチリンと食い」

「パラリと蒔いてはチリンと食い」

してっつも。熊はとうとう、怒ったど。鋤を振り上げで雀をぶっちびって（打ち殺して）しまったずうが。そしたら雀はおなかに卵をかかえてた雀で、よけいおながをすかしてた雀だったふうで、おなかがら卵が飛び出して、向こう山の笹の葉さくっついだずうが。そしてその卵から雛《ひな》が生まれて、やがて雀になって、大勢の雀と毎日、

「チュンチュン、チュンチュン」

って遊んでだずうが。そのうづに、

「みんなには親があるのに、何して俺《おれ》に親がねぇべ」

って思うようになったど。ある時、

「俺には何して親がねぇべ、友達にはみんな親がある」

そってあたりほどり（周囲の）の雀たちさ聞いだずうが。そしてえば、

「おまえの親は熊に殺されたんだよ」

って教えた雀があったと。そのために、

「親の敵とりすっぺ」

ど思って、

「よーし、親の敵とんねばなんね」

そこで敵討ぢに出がげだずうが。行ってえば行ってえば、畳針がジョキジョキジョキジョキど出できたったど。

「雀どん、雀どん、どごさ行ぐ」

「親の敵とりさ行ぐ」

「俺も行きてな」

「よがべ、あべ（行こう）、連れでぐがら」

って連れ立って行ったど。まだ行ってえば、行ってえば栗がコロコロコロコロと出てきたったど。

「雀どん、雀どん、どごさ行ぐ」

「親の敵とりさ行ぐが」

「俺もすけんが」

「ほんだら、あべ」

って一緒になって行ったど。まだ、行ってば行ってば、金蛇《かなへび》がニョロニョロニョロニョロど、出できたったど。

「雀どん、雀どん、どごさ行ぐ」

「親の敵をとりさ行ぐが」

「ほんだらばおれも行ぐが」

そして金蛇もついできたど。まだ行ってえば行ってえば、臼《うす》がゴロゴロゴロゴロどきたったずうが、

「雀どん、雀どん、どごさ行ぐ」

「親の敵とりさ行ぐが」

「ほんだら、俺も行ぐが」

「あべ」

って。そして雀が先頭に立って、畳針はジョキジョキジョキジョキど、栗はコロコロコロコロど、金蛇はニョロニョロニョロニョロど、そして臼はゴロゴロゴロゴロど並んでずーっと熊の家を目ざしたど。やがて熊の家さ着いてえば、熊が留守だったど。

「あぁ、ちょうどいい、熊のいない留守に熊の敷物の下さ隠れっぺ」

畳針が隠れだど。金蛇は薬箱の中さ隠れだど。そして栗は火びと（囲炉裏《いろり》）の中さ隠れだど。そして臼は出入り口の屋根の上さ隠れだど。

そしてえばそのうちに熊がドスコイ、ドスコイって帰ってきたったずうが。熊は火びとの座布団《ざぶとん》さねまってえば（座ったら）、畳針がじょきっと刺したために、

「いていていで」

栗がバーンとはねて、熊の眼さ飛びついだど。

「はー、いでいでいででー、薬、薬」

って薬箱開けてえば、金蛇が手をくんめぇだ（咥《くわ》えた）ど。

「あぁ。こりゃたいへんだ、家にいられね、はあ抜けっぺ」

ど思って、熊が抜けっぺどしてば臼がドスンと屋根からおってきたど。そしてはあ、熊は臼におっちびられで（押しつぶされて）降参してしまったど。そごさ雀が出でって、

「親の敵だ、討ちとろう」

ってそったど。そしてえば熊が泣いだど。

「これからはしませぬが、これからはしませぬが」

ってそって、何もかにも泣くために許してやったど。

そればっかりきのこ汁。（拍手）

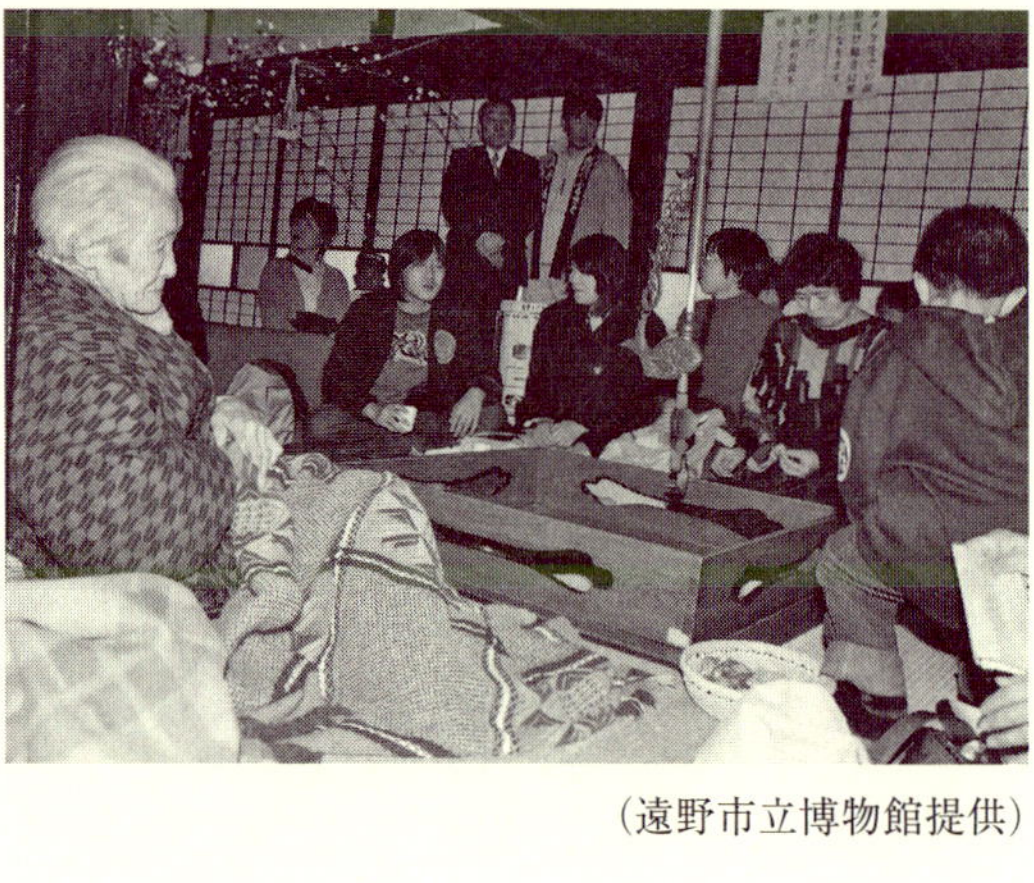
（遠野市立博物館提供）

語りのライブ

岩手県遠野地方の語り

正部家ミヤ

一　父の教えで育てられた思い出

皆さん、おばんでございます。よぐおでんした。ありがとうございます。皆さんおでるのお待ちしててんしたったよ、ほんとに。

それでは短く、長く、ゆっくりどしゃべっから、まず、聞いてください。

生い立ちがらって言ったけどもね、私はね、今もハ、未熟児だども、本当に未熟児だったんだって。母が座ったら、べろんと出はったんだど。それでね、産婆も誰も間に合わなくて、父が臍《へそ》の緒を切って、産湯《うぶゆ》つかわせだんだど。その時、ほんとに小っちゃくて盥《たらい》がら頭出ながったって。誰も生ぎるど思わねがったど。「いづまでこのワラス（子ども）生ぎんだべ」ど思ったたって。いづ亡ぐなってもおがしぐながったんだど、それくれ小さがったんだど。

うだがらね、今でも小さいけども、辛口《からくち》だけは達者だったんだど。母に言わしぇっと、「小せがったども、辛口だけは達者だった」って。近所のお婆さんと一緒に何が見さ行っても、「危ねよ、転ばねでや」って、自分に言われるごどを、お婆さんさ言いながら歩いでらんだど。それくれ口だけは達者だったど。今でも、体は非常に不自由な所あるけれども、口だけは達者だど思います。これからお話ししますから、聞いてくださいね。

そして父の教えはね、「武士は食わねど、高楊枝《たかようじ》」って言う人があんでしょう。そうでねがったの。家の父はね、「食い物ど化け物見だら、油断するな」（笑い）つ人だった。意味わがる？　食い物はね、「あっ、あれ食べたい」と思ってるうづに、誰かに取られでしまうんだど。化げ物はね、油断しているど、自分が食われでしまう。だがら「食い物ど化け物見だら油断するなよ」って。

それがらもう一つ、父のしゃべったので覚えでるのはね、今だったら、「渡る世間は鬼ばかり」って言うでしょう。これを言う人だったの。「自分からさえ角出さねば、世の中に鬼いねんだ」って言う人だった。大抵何が失敗した、何があるっていうど、自分のほうに何が落ち度があるんでねがって。理屈は言わながったよ、ただ「手前がらさえ角出さねば、世の中に鬼がいねんだ」って言う人だったのね。

それから母の教えはね、これえっこ（まったく）忘れられね。「女が座るときは、針箱持って来て座れ」って言う人だった。いまだにその癖《くせ》が直んねの。んだがら、洗濯して、靴下の破れも直したいの。そうするど嫁に、「母さん、なんでそんなものまで」って言われるけどね、とにかくここに針箱がないど、安心ができないくらい、そういうふうにして育てられました。

だけども、父に、「お袋のように、いっつも針箱持って来て座るのが、娘五人あったども、お前《め》だげだ」って言われました。「やっぱりお袋の子はお前《め》だげだった」って言われる。母がらはね、「親父《おやづ》そっくりだ」って言われだの（笑い）。「本当にじょんめ（家の前）上がってくる格好がら、親父に似てる」って言われだのね。「なんで親父に似で悪のよ」ど、そう思って暮らしたったけどもね、でも親父に似でよがった。親父がら聞いだこの昔話のおかげで、私は今、日本一の幸せ者だど思ってます。本当に幸せな人生を送りました。

今、戸籍年齢はなんぼだが知らねども、私はまだ三八歳なような気してらども（笑い）、良いんでねがすぺが、市役所のほうで何間違《まづが》ったが、全部八四歳になって来んのよ。だけども、よく聞いでみるどね、人間に年が三つあんだど。戸籍年齢ど見た目年齢、自分で決めだ年齢だど（笑い）。「やっぱり自分が決めだ年齢が一番正しんでねがべがな」ど思って。だがらまだ三八歳、ちょっとオーバーだがら七五歳ぐらいにしておきたいと思います。

二　昔話の思い出と「お月お星」

それでは、さっき「お月お星」の話が先生のほうから出ましたので、「お月お星」どいう話をします。これは家の父の得意な話だったと思うし、私たちも一番聞きたい話だったの。夜になれば、「おどっつぁん、昔話聞かせろ、昔話聞かせろ」って、父がここへ座るの待って、こごの膝《ひざ》の上に私と四っつ違いの妹ど膝を奪い合って座ったったの。今がら考えてみるど、昔話が聞ぎたがったのが、父の膝が恋しがったのがわからない。

私たち、たった七人兄弟姉妹《きょうだい》だったのよ（笑い）。だから母の膝の上は、いっつも満員だったのよ。父の膝さ行がねば、膝がながったのよ。そして年寄りがながったのね、お祖父さんもお祖母さんもいながったの。だがら近所の人たちが、「お祖父さんこうしてくれだ、お祖母さんこうしてくれだ」ってごど、非常にけなりがった（うらやましかった）のよ。「おらも、お祖父さんいだらな、お祖母さんいだらな」どいっつも思ったったのね。だがら父が夜になるど、「さぁさぁ、昔話っこ聞かせっから、来《こ》うこ」って、みんなこの膝の上で、昔話を聞かせながら育ででくれました。

それではね、「お月お星」の話するがら聞いでくださいね。

むがすあったずもな。あるどごに、お月にお星って、とっても美す姉妹《きょうだい》まり（同士）あったっど。朝間、ガガ（母）、火焚《た》ぎながら、

「お月お星、起ぎろえー」

ってば、

「はーい」

って二人、ちょろちょろって起ぎで来っつもな。それ見で、

「さでさで、お月も美《うつく》すが、お星も美す。あのお月せいねがったらば、お星なんぼ、めごぐ（かわいく）育でんにいがべな」

ど思ってすまったずもな。お月、ショデガガ（先妻）の子だったど、お星、われ子（実子）だったずもな。

「なんとがして、お星幸せにしてもんだ」

ど思って考《かん》げでらったど。

ある時、お星呼ばって、

「お星、お星、晩げな、姉っこさ毒饅頭《どくまんじゅう》こしぇで食《か》しぇっから、姉っこの饅頭なんど食ってなんねぞ。お前《め》ばな、砂糖っこ入れでうんまぐ（うまく）こしぇで食しぇっからな」

ってしゃべったずもな。とっても姉思いだったずがら、おれみでだったんだな、じょやぁ（きっと）。すぐ姉のどごさ行ったど。

「姉っこ、姉っこ、晩げ、オガ（母親）饅頭こしぇでけっつがら、姉っこもらった饅頭ば食うなよ。おれのもらった饅頭二人して半分ずづにして食んべすな」

仲良ぐ半分して食ったんだど。

それど知らねがら、次の朝間、ガガ、

「今日はなんぼしたってお月起ぎで来るごってねがんべ」

ど思って、まだ火焚ぎながら、

「お月お星、起ぎろえー」

って叫んだど。そうしたどごろぁ、まだ、

「はーい」

って二人、ぞろっぞろど起ぎで来たったど。それ見で、なにもかにもごしゃげだ（腹が立った）ど。

「このワラス（子ども）にかがってがら、毒饅頭こしぇで食《か》しぇでも死なねが」

ど思ったど。

「なんたにしたらいいがべ」

ど思ったずもな。なでかで（何とかして）お月がいなぐなるごどしか考えねがったど。

まだ考えで、今度は梁《はり》がら槍《やり》で突ぐ気になったずもな。したまだお星呼ばったど。

「お星、お星、晩げな、姉っこの寝っとごの側なんどさ寝るなよ。ずーっと離れで寝ろよ」

しゃべったずもな。

「晩げ、姉っこのどご梁がら突ぐがら、姉っこの側さなんど寝るなよ。ずーっと離れで寝ろよ」

って聞かしぇだずもな。お星のごどだがら、すぐ姉の

どごさ行ったど。

「姉っこ、姉っこ、晩げな、姉っこの寝っとごさば小豆《あずき》の入った俵《たら》持ってきて置ぐべ」

言《へ》ったずもな。そしてなんにもしゃべねで、姉妹まりして小豆の入った俵持ってきて寝しぇだど。ちゃんと布団《ふとん》かげで寝しぇで置いだずもな。そしてお月どお星仲良ぐ抱がさって寝だんだど。それづ知らねがら、その後家ガガ、お月もお星も寝った頃見はがらって、梁さ上がってったんだど。そしてこごいらだったなづ、お月の寝っとごめがげで長んげー槍で、ブツー、ブツって刺したど。そしたどごろぁ、小豆の入った俵なもんだがら、ザクーザクって手ごだえあったったど。

「よぉし、今度ごそ、お月殺した」

ど思ったど。

「明日はなんぼしたって起ぎで来るはずねがべ」

ど思って、次の朝間も火焚ぎながら、

「お月お星、起ぎろぇー」

って声かげだずもな。そしたどごろぁ、まだ二人、

「はーい」

ってぞろっぞろど起ぎで来たど。なにもかにもごしゃいだど。

「このワラスにかがってがら、毒饅頭こしぇで食しぇでもわがんね、梁がら槍で突いでも死なね。こんだ何たにしたらいいがんべ」

ど考えだど。

　そしていいあんべたってがら、

「これぁ、お星さ相談したの間違《まちげ》だったべがな」

ど思って、お星さば声かげねで、大工《でぇぐ》頼んで箱こしぇしたずもな。大工殿来て箱こしぇでるの見で、お星、

「なんだ、おが（母親）、今度ぁ、姉っここれさ入れで、どごさが捨てるどごでねがな」

ど思ったんだど。

　お星の言うごどでばなんでも聞ぐがら、食い物こしぇらせだずもな。

「おがおが、おら今日、饅頭食いてや」

まんじゅうこしぇでもらったど。

「団子食いてや」

って、団子こしぇでもらう。

「今日は豆っこ煎《い》ってければい、米っこ煎ってければい」

って、一生懸命箱さ入れでやる食い物こしぇらせだんだど。餅がら団子がら、米っこがら豆っこがら、みんな煎って入れらしぇだんだど。

　そしていよいよ大工それこしぇ上げるどぎ、大工さ頼んで、

「大工殿、大工殿、この隅《すま》っこさぺっこな（小さな）穴っこ付けでけろ」

　そごさぺっこな穴っこ付けでもらったど。

　そしていよいよ、そこの箱さ入れられで行ぐとぎ、ぎっしり食い物ば詰めで、小袋さ入《へ》った種っこ持ってきたど。

「姉っこ姉っこ、これな芥子《けし》の種だ」

ったど。

「芥子の種だがら、この穴っこがら、姉っこ担がれで行ぐとぎ、ぽろっ、ぽろっと一粒ずづこぼして行けよ」

ったど。

「この花っこ咲いだらば、姉っこたねで（尋ねて）行ぐがら、ぜって死んでわがねぞ。食い物いっぺへってらがら、死なねで待ってろよ」

そう言って姉さ小袋っこ持だせだど。姉それを持って箱さ入れられで、若い人たづに担がれで出はったんだど。

それがらお星も家の側さばらーっと芥子の種っこ蒔《ま》いだど。

「早ぐ花っこ咲げばえ（良い）、早ぐ花っこ咲げばえ」

ど思ってらど。

とごろぁ、次の春さなったらば、ぽつー、ぽつと花っこ咲できたったど。

「あぁ、姉っこたねで行ぐのぁ、今だ」

ど思ったど。旅支度して姉捜しさ出はったんだど。

「あぁ、あそごにも花っこある、こっつにもある、あっつにもある」

ど思って、その芥子の花を頼りに山さあがってったど。行ぐがー行ぐが山さ上がってたどごろぁ、そごいらにぱらーっと花っこ咲でらったずども、それより先に、えっこ（まったく）花っこ見《め》えながったずもな。

「ごごいらだなー」

ど思ったがら、そごさ土さ口おっつけるようにして、

「姉っこやーぃ、姉っこやー」

って叫んだど。そしたどごろぁ、ずーっと遠ぐの方がら、

「ほーぃ、ほーぃ」

づ姉の声したったど。

「あっ、姉生ぎでら」

ど思ったがら、そご、やっきど（懸命に）掘ってみだどごろぁ、箱出はったど。箱の蓋《ふた》取ってみたどごろぁ、すっかり干《し》からびだ姉、生ぎでらったど。

「姉っこ迎げに来たじぇ」

って、おいおいって泣きながら、その姉を抱き上げで、もと来た道を戻れば、まだそのガガのいだどごさ行がねばねがら、山一つ越えで向がい側さ降りだんだど。

そしたどごろぁ、そごに大っきな屋敷あったったずもな、そごさ背負《しょ》ってたど。

「なんとが助けでけろ」

って言ったどごろぁ、そごのガガサマ（母様）、とってもいい人で、

「なんたらこんたな弱った者、背負ってきたのや。これでとってもわがねんだがら（駄目だから）、中さ入《へ》れ入《へ》れ、中さ入れろ」

って中さ入れられで、お粥《かゆ》っこ煮で食《か》しぇだり、卵っこ煮で食しぇられだりして、だんだん肥《ひ》だってきたったど。そしてその屋敷に、姉ど妹ど世話になっていだ

ったど。

それがちょうど親父《おやじ》が旅さ出はった留守の出来事だったんだど。親父が旅がら帰ってきたどごろぁ、お月もお星もいねがったっど。

「お月どごさ行った、お星どごさ行った」

って、一生懸命捜して歩っても、なんとしても見えねがったずもな。そごでその親父、笈《おい》をこしぇで、笈を背負《しょ》って、鐘を叩《たた》ぎながら、お月お星捜しさ出はったんだど。

「お月お星、あるなら、どうしてこの鐘叩きましょう」

って、カーンカーンと叩ぎながら、泣きながら上下《かみしも》、上下捜して歩ったど。一軒残らず捜して歩ってらうづに、すっかり涙で目が腫《は》れくわってしまったど。それでもあぎらめねで、捜して歩ったずもな。

そしてある時、そのお月とお星世話になってら門口《かどぐち》で、

「お月お星あるなら、どうしてこの鐘叩きましょう」

ってカーンカーンと叩いでらどごろぁ、中がらガガサマ出はってきて、

「あれあれ、出はって聞いでみろ、お経でねよんたが、お月お星づ声聞えるが、おめだづのごどでねが」

って言われで、姉妹出はってみだどごろぁ、トド(父)だったど。

「あやー、トドだ」

って、両方がら抱ぎついで、おいーおいって泣いだどごろぁ、お月の涙が親父の右の眼《まなぐ》さ入《へ》り、お星の涙が左の眼さ入《へ》ったどごろぁ、目ぱっつり開いだったど。

「あぁ、お月だが、お星だが、捜したぞ、尋《た》ねだぞ」

って、三人抱き合っておいおいって泣でらど。

それ見だそごのガガサマ、

「そんなどごで泣いでらってわがね、中さ入れろ、中さ入《へ》れ入《へ》れ」

って中さ入れられで、その親父も一緒にそごで世話になっていだったど。

そしていだったづがあるとぎ、その親父が早く起ぎで見だどごろぁ、そごに釜っこがかかってらったど。お湯っこつんつんつんつんと沸《わ》いでらったずもな。それ見でその親父ぁ、

「あやっ、この釜っこに蓋ねな」

ってまがって(覗《のぞ》いて)見で、その中さつぶーんと入ってしまったど。そして親父はお日様になったど。

それ見でらお月が、

「あやっ、トド入った」

走しぇできて、その釜さ入って、お月はお月様になったんだど。

それ見でらお星、

「あやっ、姉っこまで」

って来てまがって見で、お星はお星様になったんだど。

そしてそれくれ意地悪したその継母はどうなったがでば、

「お月許しぇ、お月許しぇ、おれ悪がった、おれ悪

がった」

　土の上這《は》って歩ってらったずども、いつの間にが土さもぐってしまって、二度ど日の目を見るごどのでぎねモグラモヅ（土竜《もぐら》）になってしまったんだどさ。どんどはれ。

三「セヤミの話」

　それではね、「セヤミ」が何が、短いお話ししてみる。


　むかすあったずもな。あるどごになにもかにもセヤミな（怠惰な）若い者いだったど。ものの例えに、横のもの縦にもしたぐねっくれ、セヤミだづごどあるんだが、この若い者そごさ立ってるものかっ転《ころ》ばすたぐもねっくれ、セヤミだったど。

　それ見で親たちぁ、

「なんぼしたってこんたなセヤミなごって、今に年頃になったってお方《がた》っこ（嫁）の来手もねんだが、困ったな」

ど思ったんだど。

「なんたにしたらいがんべ」

　親達相談して、

「ぺっこ（少し）旅さでも出してみだらなんたべ」

づごどになったずもな。

　あるどぎ、その息子呼ばったど。

「こりゃこりゃ、このワラス、お前《め》も、いづまでもそうしてごろごろっていらえねんだが、ぺっこ旅さでも出はってみる気ねが」

ってしゃべったど。そうしたどごろぁ、その若者あんまり、やんたてもすんねで（嫌だとも思わないで）、

「あい」

って行ぐごどにしたんだど。行ぐごどにばしたども、どごの親でも親づものは、馬鹿ば馬鹿なり、セヤミでばセヤミなりに案ずるがら、

「なんぼセヤミだって、腹ばりも減らさしぇったぐねな」

ど思ったんだど。にぎりっこいっぺこしぇで背負《しょ》わせだど。そすどその若い者、にぎりこどっさりど背負ってぶらーっと、戸外《とげ》さ出はったど。出はったごどぁ出はったども、上《かみ》さ行ぐでもねば、下《しも》さ行ぐでもねど。何をするづ当てもねば、目的もながったど。爪先の向き次第《すんで》、踵《あくど》の追《ぼ》っかげ次第《すんで》、ぶーらぶーら、ぶーらぶーらど歩ってたずもな。

　行ぐが行ぐが行ったどごろぁ、なんぼセヤミでも腹へったど。

「あー、困ったな、おら腹減ったな」

ど思ったど。そして気付《きーつ》だどごろぁ、

「ほんだっけおれ、にぎりっこ背負《しょ》ってらった」

ど思ったずもな。にぎりっこば背負ってらども、手出して下ろして食うのが面倒くせがったど。

「困ったな、誰がこのにぎりっこ下ろしてける者来んねがな」

ど思って待ってらずもな。そうしたどごろぁ、向ごうの方がら、編み笠被って口開《え》だ男《おどご》来たど。口あぐーんと開いで来たずもな。それ見で、そのセヤミな男、

「あぁ、あれだ、あれだ」

あの男じょーや（確かに）腹減ってきたがら、あの男に下ろしてもらって食う気して待ってらど。

　側さ来たがら、声かけだずもな。

「じぇーじぇ（もしもし）、おめ腹減ってらべ」

って言《へ》ったずもな。したっけその男、

「なしてよ」

たど。

「いや、口開《え》で来たがらよ、腹減ってらば、おれにぎりっこいっぺ背負《しょ》ってらがら、下ろしてけろじゃ。二人して食んべすよ」

って、しゃべったずもな。

そしたどごろぁ、その口開できた男ぁ、

「何の何の、とんでもねぇ話だ。人の背負ってらにぎりっこ下ろすどごろの騒ぎでね。こりゃ、見ろ」

ったど。

「おれの笠の紐解げだども、手出して結《ゆ》っつけるの面倒くせがら、こうして口開でおしぇできた」

ってしゃべったったどさ。セヤミしてきりねんだど、上には上あったったどさ。どんどはれ。

四　「一把の藁《わら》を十六把《ば》に」

よござんすか、もう一つしゃべっか。ほだらね、「一把の藁を十六把にして長者どんの婿になった男の話」するから聞いでくださいね。なんたにして十六把にしたが。


　むかすあったずもな。ある村に大した長者どんがあって、一人娘あったったど。旦那殿ぁ、

「一人娘の婿捜すべ」

ど思って、やだらに婿選びしたど。なんとしても気に入った婿ねがったずもな。

　そごである年の正月、街《け》道《ど》端《ばた》さ大っきな立て看板出したど。

「一把の藁を十六把にしたる者、娘の婿、わしの跡取り」

という看板だしたずもな。さー、正月のごどだがら若い人《し》達《たつ》いっぺ来て、それ見でらったど。

「じぇじぇ（もしもし）、長者どんで、藁っこ一把持っていげば、娘の婿にすっつが、おめなじょだ、我なじょだ」

ってしゃべってらったど。

「いや、この藁っこ、なんたにしたら十六把になる？　こうでもね、ああでもね」

って騒いでらどごさ、貧乏家のオンズ（跡取りでない息子）、もさーっど出できたったずもな。それ見でがら、みんな馬鹿にしたど、

「これ、オンズ見ろ。長者どんで、藁っこ一把持ってげば、娘けっつがおめもそろそろもらってきたほい

いんでねが、行ってこんねが」

って声かげだずもな。そしたどごろ、その貧乏家のオンズって言われだ男ぁ、黙ってその立て看板見でらったずが、

「ほにさな（そうだな）」

ったど。

「おれもそろそろ身堅めねまねど思ってらった、そだら行って来っかな」

ってしゃべったんだど。さぁ、馬鹿にした手前、その男たち大変だったど。若い人達《したづ》、

「このもさもさづ男行って、なんたなごどすんだべ」

ど思ったど。

　そのうづに、そごにある藁っこ一把つかんで、長者どんたでで行ったずもな。それ見でその若い人達《したづ》、後がらぞろぞろぞろぞろど、付《つ》でったど。

「なんたごどすんべ」

ど思って。

　そうするど、その男は長者どんさ入るど、大っきな声で叫んだど。

「街道端《けどばた》の立て看板見で、娘もらいさ来ました」

って叫んだずもな。そうするど中がら、旦那殿、母様《ががさま》、婆様がら娘がらぞろーっと来て、そごさ立ったんだど。

　その時、その男ぁ、藁っこ一把、ポンと土間《にわ》さ投げだど、そしてこう叫んだんだど。

「土間《にわ》（一把）の隅には鍬《くわ》（九把）ござる」

「婆の面には皺《しわ》（四把）ござる」

「わしの投げたるこの一把、合わせて十六把、十六把」

って叫んだだど。

　それ聞いで、そごの旦那殿、

「なんたらいい人に来てもらったべ。おれの身上まがせるに、これくれの頓知《とんち》のできる人でねばわがねど思ってらった。まんずお入りんしぇ、お入りんしぇ」

　中さ入れられで、正月のごどでもあるし、いっぺご馳走いただいで、長者どんの婿になる約束して帰《け》ったんだど。それがら日を改めで、長者どんの婿に収まって、末永く孫子もうげで栄えだんだどさ。どんどはれ。

　どうもありがとうございました。（拍手）

子どもと昔話の未来のために

佐藤誠輔

一　はじめに

石井先生から、とても重いテーマをいただきました。元々大した中身は持っておりませんので、今日は開き直って、私が「どうして語り部教室（昔話教室）をやろうとしたのか」また、「やって来たのか」。その経過を述べる中で、少しでも主題に近づけたらいいなとそんな気持ちでお話ししてまいります。

佐々木喜善《ささききぜん》と柳田国男《やなぎたくにお》との幸せな出会いによって、遠野には『遠野物語』とともに昔話が残りました。『遠野物語』に触発された喜善の努力によるものです。ほんの四話か五話の、それも不完全な形の昔話の収集によって、喜善と柳田の二人とも昔話の大切さに気づいたものと思われます。

喜善は、『奥州のザシキワラシの話』を始め、『江刺郡昔話《えさしぐんむかしばなし》』『紫波郡昔話《しわぐんむかしばなし》』『東奥異聞《とうおういぶん》』、そして、『老媼夜譚《ろうおうやたん》』や『聴耳草紙《ききみみぞうし》』の刊行によって昔話採集の方法を確立し、同時に当代一流の研究者として成長して行きました。

喜善の昔話に対する慧眼《けいがん》は、『江刺郡昔話』の序文で、昔話を「土中に埋没している宝玉」と指摘したことでも分かります。

二　「いやあ、そこでキツネにだまされたじぇ」

明治二二年（一八八九）生まれの父は、早瀬川で赤い河童《かっぱ》を見、学校の行き帰りに佐野長根で狼《おおかみ》を見たという人でした。町場の長屋へ訪ねて来る人々も、「いやあ、そこでキツネにだまされたじぇ」と言って飛び込んで来る気さくな人々でした。

長じて『遠野物語』を読み、疑っていた父の話は遠野物語の世界そのものだったということが分かりました。なにせ、喜善と同じ年代の空気を吸っていた人ですから。

さて、幼年期の私は内弁慶《うちべんけい》で、小学一年入学の頃は完璧《かんぺき》な問題児でした。母親が廊下に居るのを確かめて教室に入り、隣の女の子に雑巾で顔を拭かれたと言っては、メラーッと泣く子でした。そんな子を立ち直らせたのは、親と教師はもちろんですが、「言葉の力」です。なぜか私は『サクラ読本』をすらすらと読め、「佐藤誠輔《せいゆう》」という漢字も書けました。

その上、読書も好きでしたから、親と教師は一策を練って、私に『武田信玄』の暗唱を勧めました。表現の場や機会を与えられ、成功の喜びを知るごとに、私は少しずつ変わって来たように思います。

小学三年の時、全校で一番お話の上手な教師が受け持ちになりました。先生のおもしろいお話に聞き浸ることで、なぜか、自分も先生にお話ししたいと思うようになりました。また、綴《つづ》り方を書くと、必ず言葉による評価（返事）を下さるので、先生に向けて書きたいという気持ちがむらむらと起きて来ました。相手意識と目的意識が芽生え、主題意識を刺激したのだと思います。

そんなわけで、話し言葉と書き言葉による表現がいっぺんに好きになりました。

コアカリキュラムを採用し、児童に自治活動を勧めるなど、戦時中としては珍しい三田憲《けん》校長・石橋勝次のいわゆる「遠野教育」（一九三七〜四一）の真っ最中でしたから、表現の機会や場面には事欠くことがありませんでした。四、五年では、紙芝居や図表・グラフを使って父母に発表し、六年では、児童の作品をもとにしたディベート（討論）も盛んに行われたものです。

中学に入っても、美術の教師は自作の「新遠野物語」を披露し、国語の教師は『銀河鉄道の夜』を読んでくれたものです。また、二年生のころ、お話会が組織され、生徒にも発表の場が与えられましたので、私は金の使い道に困った「成り金大尽」が、お札を風呂の焚《た》き付けにした話をしました。

間もなく太平洋戦争が始まり、勤労動員や学徒動員に駆り立てられる寸前のことです。私はそういう良い教師たちに恵まれて言葉を獲得して来たのです。

三 「浦島太郎」のお話でつまずく

私は、昭和二〇年（一九四五）三月一〇日の東京大空襲を、動員先の川崎から見ていました。次は、間違いなく川崎がやられます。私は、助かる方法として代用教員を希望したところ、幸いにも書類選考が通りましたので、上野に三日三晩並んで郷里に帰り、A村の国民学校に採用されました。月給三八円と覚えています。

その頃、「語り」は、私にとって有効な教育の手段であり、方法でもありました。ところが、町の一年生を受け持った途端、それが不発に終わりました。

「今日は『浦島太郎』のお話をしますよ」と笑いかけると、中の一人が挙手をしました。

「先生、その話、幼稚園で聞いて知ってます」

「桃太郎」も、「花咲爺」も、どれもこれも「みな知っている」と言うのです。今なら、「それはすごい。きみの『浦島太郎』はどんなお話かな。先生のと比べてみよう」とか、太郎がだめなら次郎、次郎がだめなら三郎にするのですが、その頃は不勉強でした。

途方にくれた私は、小さい一年生に降参して、「語り」が大嫌いになってしまいした。ところで、その学校のI校長はとても話し上手で、給食の時間の校内放送など、子どもらから大変な人気を得ていました。I校長の話は、「蓮の花はどこに咲くとおもう」と問いかけ、「汚い泥の中に咲くんだぞ」と、びっくりさせ、「汚い泥だってな、美しい花を咲かせる力があるんだぞ」と納得させます。

聞いて見ると、その秘密は、四分の一のざら紙にありました。校長が得た「子どもに理解してもらえそうな話、おもしろそうな話」のネタは、すべてこの四分の一ざら紙に書き換えられ、朝会や放送の際に活用されていたのです。

昔話を語るのも同じことで、話す技術を獲得するとともに、テーマの内容についての学習と聞き手のリサーチが必要だったのだとつくづく思いました。

昔話の語り手は、昔話だけを語っていればよいというものではなく、聞き手を知るために、話の合間にとりとめもない日常のことや郷土のことなどを織り混ぜる必要があります。そんなとっさの時、この手帳のメモは威力を発揮します。

ある高名な歌人の出版記念会に招かれた時、突然スピーチの要請がありました。

メモの「十五夜の月」が、私を救ってくれました。

長者の家に小坊主が托鉢《たくはつ》に参ります。おかみさんは、その貧弱な姿に鏡餅一枚をくれてやるのが惜しくなり、半分に切って差し出します。すかさず、小坊主は歌で謎をかけます。

「十五夜に半欠け月のあるものか」

おかみさんは赤面し、あとの半分を前掛けの陰からそっと取り出し、

「雲に隠れてここに半分」と返しましたとさ。「どんどはれ」で、大変な拍手をいただきました。

また、「坊さんの修行」という話を父から聞きました。

高僧に村人が尋ねます。今までで一番大変な修行は何でしたかと。高僧はしばらく考えた末、ぽつりと言います。「何と言っても家業が大変だな」と。

ある若者達の結婚式にこの話を使い、大いに反響がありました。

気をよくした私は、某村の成人講座でもこの話を使いました。すると、同席していた村長が手を挙げて異議を唱えました。

「おらほ（自分達）の村の坊さんは、皆からお布施を集めて子どもを大学までやっている。家業など、全然苦労していないよ」と言うのです。

語りを聞いてくれる大人たちは、それぞれに人生を持ちながら……。若者たちは若者たちで、

新しい人生にどう船出しようかと考えながら聞いていたはずです。私は面目をつぶし、聞き手を考えに入れない語りの浅さを思い知らされました。

四　先人たちとの出会い

私が今のような仕事が出来るようになったのは、多くの先輩のおかげだと思っています。その一人は、福田八郎先生です。岩手の国語人が集まって、『岩手の昔話』『岩手の伝説』の二冊の本を出したことがあります。その時、私は先生から「まよいが」などの話を聞かせていただいております。

また、山本精一先生は、遠野ユネスコ協会から、『こども遠野ものがたり』を二冊出していますが、下巻の編集を私に任せて下さいました。

平成の初め、後藤総一郎先生の常民大学に出入りしている内に、『遠野物語』と柳田国男に出会い、あるきっかけから、『口語訳遠野物語』（一九九二年）を書くことになりました。河出書房新社からの出版は、すべて先生のお骨折りによるものです。

同年に行われた、「世界民話博」での学習と相俟《あいま》って、その頃から私は、『遠野物語』や柳田国男、そして佐々木喜善の世界に傾倒することになりました。

「世界民話博」に、私はほとんど毎日通いました。中にはあまり評価しない方もありましたが、この会は、私にとって大変に有り難い事業であって、当時の小原正巳市長には感謝しなければなりません。この会には、世界の語り部が集まり、（櫻井美紀先生も居られたと思いますが）その解説を小澤俊夫先生がなさっていました。世界中のどんな民話でも直ちに解いてみせる小澤先生の語り口に、(ああ、私もいつの日か、あんなふうに解説してみたいものだ)と思ったものでした。

民話の研究書も随分手に入れました。関敬吾の『日本昔話大成』一二巻を苦労して揃えたのもこの時です。

鈴木サツさんとの出会いも、私にとって忘れることが出来ません。

ある時、サツさんを学校にお呼びして、

「今日は、子どもらが大勢だから」と言ったら、こんな答えが返って来ました。

「聞き手がどんなに多くても困らながんすとも、あの時は参りやんした」

ある時、市内の旅館からお呼びがかかって出かけると、美しいせだこ(着物)を着たおなごしたち(女達)が五人ばかり、きちんと正座して待っていた。(これは、良いお客さんだ)と、張り切って語り出したが、語っても語っても、顔も上げねば笑いもしない。「うだかけつぶれた」とも言わない。背中から冷たい汗がツツーと出て来た。六話ほど語ったところで、見るに見かねた旅館の女将《おかみ》が、「サツさんサツさん今日はそのくらいでいいんだから」と助け舟を出してくれたというのです。

「なんぼ立派ななりをしてても、聞く気のない人の所では語るもんでながんすよ」

続けてサツさんは、

「聞き上手は語り上手なのス。話コをいっぱい聞いて語り上手になってがんせ」

と励ましてくれました。

語りの場が、実は語り手と聞き手からなっていることを忘れ、その責めを一方的に語り部の方言のせいにされることがあります。もちろん私も、サッさんの「うだかけつぶれた」には参りました。聞いて見ると「熟んだ柿がつぶれたのに声を出さない」という意味なそうです。しかし、地元でもサッさんの昔話を聞き取れない子どもたちが居り、聞き慣れた人は大阪や九州の方でもきちんと聞き取ってくれるのだと言います。

実はお話の聞き取りは訓練することが出来るのです。

私は全校児童一〇〇人と三〇〇人の小学校で実践して見ました。全校朝礼の時、壇上からとんとんと降りて、体操座りをした子どもらと同じ平場（床面）に立ち、四方に目を配って読み聞かせを始めます。最初は、幼年向きのお話から始め、徐々に程度を上げて行きます。一〇分程度の読み聞かせが終わると一斉に立ち上がり、大あくびをしたのち、手足をぶらぶらさせる幽霊体操をし、体をほぐして終わります。

ある時、立ち上がった一年生のA君が、「あああ、つかれた」とやったので、みんなが大笑いしてしまいました。訓練を続けると、一年生でも芥川龍之介《あくたがわりゅうのすけ》の『蜘蛛《くも》の糸《いと》』や『杜子春《とししゅん》』が聞き取れるようになります。民話の『かさこじぞう』や創作民話の『べろ出しチョンマ』では、みんな目を輝かせて聞いてくれました。

その後のA君は、立ち上がりざま、「今日はかなしかったよ」とか「おもしろかったよ」などと私の批評家になってしまいました。二年生のB君は、私の部屋の窓辺に立ち寄って、自分の家の牛たちの様子を報告し、三年生の鶏博士C君は、飼っているチャボの様子を事細かに教えてくれるようになりました。

ここには、語り手と聞き手の逆転があり、未来につながる語りの可能性が、こんな所にあるのではと思えました。

五 「語り部教室」の立ち上げ

平成八年（一九九六）、遠野物語研究所を開いた二年目から「語り部教室」を始めました。行政（木下隆現文化課長）、民間会社アドホック（谷口徹太郎支配人）、研究所（佐藤研究員）の三者が語り合って、年間一〇～一二回の市民講座を開くことになりました。

目的は、①遠野の語り部を再評価し、昔話のおもしろさを知ってもらうこと、②（あわよくば）語り部になりたい人を育てることでした。

現職の頃は、日本全国から昔話を聞きたい人がこんなに、昔話村に集まって来ているとは思いもしませんでした。退職後、夫婦で語り部の追っかけをさせていただいたお陰で、昔話人気を目の当たりにすることが出来ました。が、同時にこのままでは語り部の高齢化で、この賑わいが消えてしまうのではとも感じました。

最初は現役の語り部を講師に、伝承の語りと語り部の生々しい体験を伝えてもらいました。その時、後藤総一郎前所長が助言してくれました。

「高度成長後、子どもたちが変わってしまったのには、二つの理由がある。一つは外で遊べなくなったこと、も一つは昔話を聞かなくなったことである。そこで、昔話を取り上げることは私も大いに賛成だが、一つだけ条件がある。昔話をただ単に『面白おかしいもの』にだけはしてくれるな」

と言うことでした。

同じような言葉を、語り部の鈴木サツさんからも頂きました。

「艶話《つやばなし》などばかりして、聞く人達のご機嫌を取るようでは、良ぐながんすよ」

簡単に笑いをとれる話ばかりしていると、遠野の昔話は薄汚れて品位が下がりますよ、と、いうことでした。

そこで、私たちは昔話の文化的な価値を知ってもらうために、短い講義を毎回入れることにしました。これは、私の他に客員研究員にもお願いし、このパターンは現在でも続いています。

「語り部教室」を始めた当初から、受講者には、自分が知っている昔話を語ってもらいました。人前で語るのは結構度胸の要ることで、ときには「読み聞かせ」や、二人で語ることも許容しました。遠野の場合は、幼少時から昔話に触れている人が多く、お話のある部分、例えば「はじまり」とか「中」の転換点とか「結び」を教えて上げれば、すぐに一つのお話として完成するので、受講者は成就感が得やすかったようです。

六　「いろり火の会」の発足

平成一二年（二〇〇〇）二月、「語り部教室」有志によって「いろり火の会」が発足しました。

「いろり火の会」の活動は、語り部教室（昔話教室）のめあてを具現化した点に大きな意味があります。教室で得た学習を、自分たちの問題として受け止め、事業として継続的に活動を繰り広げた会員の力は実に見事なものです。

始めは、遠野市商工会等からの要請で、極めて臨時的なものであり、一年で補助が切れました。ところが、会員たちから、「自分たちで家賃を負担してもいいから続けたい」という積極的な意見が出まして、その姿勢が市から認められ、今では駅前の物産センターの一角を借用して活動を続けております。

午前一〇時から午後四時までの六時間、現在は一六人の女性が、昔話などのお話を旅人に無料提供しています。地道な活動ですが、年間一万人以上がこの施設を利用しているというほどですから、遠野市のためにも大変な功績を上げていることになります。

会員相互の自主的かつ自立的なこの会では、宿泊施設の「あえりあ遠野」と契約して、毎夕方六〇分の語りを提供していますし、石鳥谷《いしどりや》のケアホームには月に一度、ふるさと村その他の施設にも請われれば、その都度会員を派遣しています。

「いろり火の会」の活動で最もうらやましいのは、物産センターの一〇畳程の語りの場です。少人数の人々と、顔を突き合わせるようにしてお話を提供し、また、日本中のお客様からのお話もいただく。

大きな語り部ホール型の語りとは異なった語りの場がここには用意されているわけで、まさに二一世紀が目指す「双方向の語り＝コミュニケーション」がここにはあります。

まず一つ二つ、遠野のお話を提供したら、相手とにこやかに会話を交わし、相手方の情報やお話を引き出せたら最高です。遠野の語りも、高い場から一方的に語る時代は終わったのかも知れず、そう考えたら、「いろり火の会」の人達は、とてつもない宝の部屋に居ると言うことになります。

現在の「昔話教室」や「いろり火の会」で、出来かねている活動が二つあります。

一つは、地域の保育園や小学校などへの自前公演です。相手側のカリキュラムや学校（園）経営への遠慮と、こちらの語り手の人員不足がそれを許しません。行政が一枚かんで来ないと、民間だけでは実現が難しい問題です。

二つ目は、昔話を持っている人へ、こちらから出かけていって聞く、いわゆる「聞きとり」の活動が出来ていません。人前で話すのは苦手だが、そんな活動なら参加しても良いという方々は居ないものだろうか、特に機動力を持った男性に……。などと、夢みたいなことを考えています。理論的には実現可能ですが、そう簡単な問題ではありません。

七　昔話を未来へつなげるために

高齢化した語り部の善意にすがっているだけでは、民話の里遠野の未来があるとは思えません。そこで、大きく四つ考えました。

①「昔話教室」の活用

現在の「昔話教室」は、自分の都合に合わせて、出入り自由、受講料無料の講座です。

昔話の好きな人が集まって、聞くだけでもよし、一声出してもよし、そんな自由な教室ですから、現在は花巻からも釜石からも受講生が参加しています。

ここには、伝統語り部の方も、これから語ろうとする方もどんどん集まってほしいもので、昔話を未来へつなげるために、この「昔話教室」の活用は欠かせないと思います。

②わが家の語りを大事にすること

「いろり火の会」の語り部の部屋が、バス停の待合室の近くにあった時の事です。バスを待っていたお婆さんの一人が、

「その話は違う違う、本当はこう語られているんだ」

と言ったというのです。

八月に、社会学者の加藤秀俊さんと語り合ったとき、彼は、

「昔話は、一軒一軒異なっていても別に問題は無いですよ。元々庶民のものですから」

とおっしゃったのです。私も、(そうだな。昔話を語り部だけのものにしてはいけないんだ。市民の一人一人に返さなくては)と強く思いました。ですから、先のお婆さんの話を聞いたとき、実に頼もしいと思いました。だって、遠野の昔話がただ一色しか無かったら、こんなつまらないことはありません。「わが家ではもっと違う昔話を持っているぞ」。そんな人々が居る限り、遠野の昔話は滅びることは無いなと思いました。

一〇年も前の世間話です。観光客を案内したタクシーの運転手が、サービスのつもりで、『遠野物語』に出て来る場面の解説をしました。ところが、その客は降り際に、

「君の話は、『物語』の○○話とは全く違っているよ」

と指摘したというのです。当人は、

「いや、おれ恥ずかしくて冷や汗がどっと出たったすや（出ましたよ）」

と、報告してくれました。私は、

「そんなときは、『物語』にはそう書いているかも知れないが、オラホ（わが家）ではこう語っています。と言えばいいんだから」

と本気で教えてやりました。しかし、純情な彼は、こう言いました。

「そうは言っても、おれも『遠野物語』を勉強しねば、わがながんす」

ここには、活字化（文字化）された本にこだわり、例えば『遠野物語』だけが正しいと思う心の動きがあります。『遠野物語』には広い広い裾野があり、無数のお話があります。その中の一つだけを佐々木喜善が柳田国男に伝え、それが活字化されたものです。

例えば、『遠野物語』八話の通称「サムトの婆」は、伊《い》能《のう》嘉《か》矩《のり》では「門助婆」となります。喜善も柳田とは異なったもう一つの話を持っており、村落の違う語り部たちの話も微妙に異なります。私などは、「さらわれた娘が三〇年後にひょいと現れ、風と共に去って行った」とする『物語』八話の文末の潔さは、スマートで、より文学的に見えます。

ところが、喜善の『東奥異聞』では、「三〇年後にひょいと現れた娘が、それからは山の幸を持って毎年生家にやって来る。困ったことに嵐も一緒に連れて来るので、村内外から苦情が出て、その家では山伏などを頼んで石塔を立て、『これより内に入るな』と封じてしまった」というのです。土地の者からすれば、こちらがより人間臭く民俗的に見えるのですが、視点の異なった評価をされる方もおられるようです。

『遠野物語』を学ぶことは大事ですが、文字化された本や一部の評論にこだわる姿勢は良くないと思います。昔話でもテレビの映像を始め、絵本や紙芝居など省略や再創造が多すぎるように見えます。

この間、遠野物語研究所に見えた中年の男性が、友達に昔話の本を勧められると、

「ぼくは『まんが日本昔ばなし全巻』を持っているから、そんなものはいらないよ」

と、胸を張っておられました。まさに、活字や映像が一人歩きしているのですね。

そうなると、遠野の語り部の責任は重大です。省略され再創造された活字・映像文化で育った人達が、遠野を訪れてお話を聞いた時、（ほんとは、そうだったたんだ）と、心から納得してくれたらどんなに素晴らしいことでしょう。

③伝統昔話やストーリーテーリングにこだわらない

とても偉いといわれている人に、

「子どもを対象にしない昔話語りなど意味がない」

と、言われたことがあります。全くその通りです。しかし、目の前に子どもがいない、定年後の私たちはどなたを対象に語ればいいのでしょうか。

遠野では、先祖から伝わる昔話（話し言葉）を聞き取って入力し、自分の中で咀嚼《そしゃく》した後、新しい話し言葉として出力する従来型の語り部が何組か居られます。しかし、後継者はどうなって

いるのでしょうか。

核家族が増え、大家族の中で子から孫へと縦につないでいく昔話のバトンタッチは難しい時代になりました。それならば、まだるっこしいが、昔話の大好きな人達を糾合《きゅうごう》して横に広げ、それぞれの家族や場面を利用して、下の世代へつなげて行ったらどうかというのが、「語り部教室」の精神でした。

文字化された先人の昔話（書き言葉）を読み取って入力し、自分の中で十分に咀嚼整理した後、新しい話し言葉として出力する現代型の方法もあっていいのではないでしょうか。

語り部の先達鈴木サツさんは、遠野市民センター大ホールのこけら落としの際、用意して来た話材を急に変えられ、「おしらさま」を語るよう命じられたそうです。突然のことで、完璧《かんぺき》に語れなかったことを恥じたサツさんは、その後、何百回何千回と「おしらさま」を語ってとうとう自分のものにされたと聞きました。肝に銘じたい話です。

子どもを対象にして考えた場合、語り手側が、ストーリーや話の細部を覚えるのが無理なら、絵本などの「読み聞かせ」を併用するのも良いと思っています。生活が現代化された今、方法が、ストーリーテーリング（お話）であれ、読み聞かせであれ、語り手（読み手）と聞き手とに信頼関係があれば、語りは十分に成立するのでは無いでしょうか。

「読み聞かせ」でよいから、子どもにお話を与えてほしい。そして、自分自身でも読み浸るようなおもしろい本を与えてほしいものです。

④行政との協働

「お前だち、ホラ語って銭もらっていいだらや」と言う市民の感覚をそろそろ改めなくてはなりません。そして、自分の家の爺婆や語り部たちが語っているのは、単なるホラ話ではなく、先祖から伝わって来た大事な文化遺産（口承文芸）なのだということを認識していくべきでしょう。

何れ、民間だけでは限界がありますので、次のようなことを提案します。例えば、

①人を集めること。幼少年の指導者、青年や中高年者そして高齢者の各層にわたりたい。

②人の集まる場所の確保。つまり溜まり場を見つけることです。ただし空いている建物では無く、そこには常時相手をしてくれる人材が居なければなんにもなりません。

③マイクロバス等の輸送手段が使えることです。遠野の伝説や民話を現実のものとして理解する為に、とても大事なことです。

④幼、小、中学校のカリキュラムに組み込む必要があります。要請があればいつでも語り部を派遣できるように、そんな時間が学校に欲しいものです。

⑤「遠野物語検定」や「遠野の昔語り」を、公的機関の職員採用試験に活用したらどうかということです（笑い）。また、既に採用された職員には、研修事業の一つとして、『遠野物語』の解説や語り部の生の話を必ず聞くことを義務づけたらどうかと思うのです。冗談では無く、遠野市の職員が、「『遠野物語』ですか？　よく知りません」では通らないと思います。今後も観光事業の中心に『遠野物語』を据え、激しい競争を生き抜こうとするならば、これは真剣に考えて良いことだと思われます。

八　おわりに

前にも触れて来ました。が、一口で言うならば、「昔話の発掘」と「活用」にあります。箇条書きでお話します。

①まだ知られていない語り手を見つけ、協働を呼びかける。

②埋もれたままの昔話、伝説、世間話を見つけ記録保存する（ＤＶＤ利用）。

③公立図書館はもちろん、市民の蔵書など、情報開示や資料活用に協力する。

いずれ、昔話を聞くのが好きな子どもと、昔話を語るのが大好きな人たちがいる限り、遠野の昔話の未来は明るいのではないでしょうか。遠野市民のだれもが、遠来の客に求められるまま、わが家の昔話や遠野の物語を語れる町になったらどんなにいいことでしょう。

第二部

子どもと昔話に寄せて

小学校への出張おはなし会（市川市こどもとしょかん提供）

昔話は残酷か

三浦佑之

一　はじめに

今は三〇歳を過ぎた娘がまだ幼稚園に通っていたころ、子守唄がわりに昔話を語って寝かしつけることがしばしばでした。ベッドに入って部屋を暗くして昔話を語っていると、わたしのほうが先に寝てしまうこともありましたが、親子のふれあいとしてはいい方法だったのではないかと思います。

わたしが語り聴かせた昔話の中で、娘がもっともよろこんで繰り返して語るようにせがんだ話は、「手無し娘」でした。日本にもグリムにもあって、いろいろなバリエーションがありますが、わたしが娘に語っていたのは、意地悪な継母《ままはは》が夫に継子殺しをそそのかすというかたちでした。継子にとっては実の父親が、継母の言うままに、祭りがあると言って山の中に娘を連れ出し、両手をばっさりと切り落として谷に捨てて帰るというところからはじまる、少女の苦難と幸せを語る話です。わたしにとっての昔話体験は、ほとんど書物からの知識で、この話も岩波文庫『こぶとり爺さん・かちかち山』（関敬吾編）に入っているのを適当にアレンジして語っていたに過ぎません。

その「手無し娘」を聴いて、幼い娘がもっともよろこんだのが、継子が父親に手を切られて谷に落とされる場面でした。なぜかはわからないのですが、その場面になるとキャッキャッとよろこびました。隣りで添い寝しながら話を語っている父親を、継子の腕を切り落とす父親と重ねることで、自分をかわいそうな継子の立場に置き換えて、物語の中に入り込みやすかったのでしょうか。あるいは、腕を切り落とすバサッという擬音語をおもしろがっていただけかもしれません。昔話「手無し娘」を繰り返すことが、娘の精神形成にまずい影響を与えたのではないか、家族関係や親子関係に対する不信感を抱かせるきっかけになったのではないかというようなことを案じる心配はなさそうです。語ったあとに夢を見てうなされるとか、父子関係が壊れたというようなことは、少なくとも表向きにはありませんでしたから。

二　東北型の瓜子姫《うりこひめ》

昔話の中には、たしかに残酷な印象を与える話はけっこうあります。たとえば、「かちかち山」では、おじいさんが捕まえて軒先に吊《つ》るしておいたタヌキが、おばあさんを言いくるめて縄を解かせ、おばあさんを殺して「婆汁《ばばじる》」を作り、おばあさんに化けて、野良から帰ったおじいさんに婆汁を食わせて逃げるというのが、ふつうの語り方でした。

また、「瓜子姫」という昔話は、西南型と東北型とに分かれることがよく知られています。西南型は、中世の短編小説（いわゆるお伽草子《とぎぞうし》）の『瓜姫物語』に似ていて、川から流れてきた瓜から美しい娘が誕生し、瓜子姫と名付けて大切に養う。爺婆が姫の嫁入り支度のために外出したすきに、アマノジャクが来て姫を誘い出して木の上に縛りつけ、着物を取り替えて姫に化ける。気づかない爺婆が偽の姫を駕籠《かご》に載せて嫁入りに行く途中で、木の上から姫が助けを求めたので、アマノジャクの仕業とわかり八つ裂きにする。救われた瓜子姫はめでたく結婚することができた。

というかたちで語られることが多いのですが、一方の東北型では、次のように語られます。

川から流れてきた（畑から収穫した）瓜から美しい娘が誕生し、瓜子姫と名付けて大切に養う。爺婆が成長した姫の嫁入り支度のために外出したすきに、アマノジャク（山姥）が来て姫を誘い出して殺し、剝《は》いだ姫の皮をかぶって姫に化ける。気づかない爺婆が偽《にせ》の姫を駕籠に載せて嫁入りに行く途中で、（姫の化身した）鳥が鳴いて知らせたので、化けていたアマノジャクを殺す（または、姫に化けたアマノジャクは、気づかない爺婆に殺した瓜子姫の肉が入った汁を食わせ、悪態をついて逃げる）。

嫁入りする前の娘が、アマノジャクに食われ、爺さんと婆さんは娘の皮をかぶったアマノジャクにだまされてしまうのです。最後に化けの皮が剝がれてアマノジャクが殺されるというのならまだしも、爺婆に娘汁を食わせて逃げてしまうと語るものもけっこうたくさん伝えられています。これでは、敵討ちされてよかったというカタルシスも味わえませんから、何を語りたいのか、よくわからなくなってしまいます。

一方の西南型はどうかというと、娘は殺されず、最後は幸せな結婚で締めくくられるので、たしかに残酷性は薄らいでいるようにみえます。しかし、捕まったアマノジャクはというと、片足ずつ二頭の馬に縛られて股裂きにされるという、なんとも残酷な結末が準備されています。もちろん、残虐なアマノジャク殺しによって、目には目をという勧善懲悪を語っていると考えれば、近世的なわかりやすい話だということになります。

やはり理解しがたいのは、東北型の「瓜子姫」です。東北の人が残酷だったなどということはありえませんし、幸せな結婚の部分が欠落してしまったということもできないでしょう。東北型「瓜子姫」には、幼くして死んでゆく魂、その魂は小鳥になって飛んで行くというかたちで終わる話が多いのですが、その背後には、夭逝《ようせつ》した子どもの魂への思いがあるのではないかと思えます。そして今、わたしたちにはそれが感じとれなくなっているために、残酷さばかりが目立ってしまうということなのかもしれません。それは、小鳥前生譚と呼ばれる話型群が東北地方に数多く語られるということと無縁ではないとわたしは推測しています（三浦「瓜子姫の死」『東北学』一号、一九九九年一〇月）。

三　残酷とは何か

人を殺すから残酷なのか、人肉を食べるから残酷なのか——時代や環境によって、残酷の定義が違うのは当然でしょう。そして、いかに残酷であったとしても、それはあくまでも昔話の中でのことであって、現実に人を殺したり人の肉を食べたりするのとは違います。しかし、昔話の中だということはわかっていながら、わたしたちの社会の大雑把な傾向をみると、人や動物を殺す話はよくないとか、人肉を食べるなんてとんでもないといった方向へ、昔話は改変されていったようです。

たとえば、昔話「かちかち山」の結末は、おばあさんを殺したタヌキをウサギが仇討ちをして、泥の舟に乗ったタヌキを溺れさせて殺すというかたちの話が多かったはずですが、現在出ている絵本や子ども向けの昔話集では、ウサギは溺《おぼ》れそうになったタヌキを助けるという結末になっているものがほとんどでしょう。そういう話になると、おばあさんが婆汁にされるというようなことはなく、殺されるという話にもならず、軽く殴って逃げて行くということになります。しかし、ただそれだけなら、背中に火をつけ、やけどに蓼味噌《たでみそ》を塗り、泥の船に乗せて殺そうとするという、ウサギの執拗な報復はどういうふうに意味づけられるのでしょう。タヌキよりも、ウサギの行為のほうがよほど残酷ではないかと思ってしまいます。

悪役はとことん悪さをしないと、それに対する報復が正義にはなりません。どちらも中途半端なキャラクターでみんな仲良しというのでは、昔話の基本構造が成り立たなくなってしまいます。それがよいことかどうかは別にして、ある種の昔話は、前近代的な勧善懲悪の倫理観を基盤にしてできているわけですから、悪いやつは徹底的に悪くなければならないのです。それは、昔話にかぎらず、芝居でも浄瑠璃《じょうるり》でも読本《よみほん》でも、みんな同じでした。江戸時代の絵本（赤本）『むぢなの敵討』（「かちかち山」のこと）を見ても、婆さんは婆汁に、タヌキは水の中へというのがお決まりです。

近代になっても、そうした観念は受け継がれていました。たとえば、巌谷小波《いわやさざなみ》の『日本昔噺』第九編「かちかち山」（明治二七年（一八九四）六月刊）でも、婆さんを殺したタヌキは婆汁を作り、爺さんが、「美味《うま》そうに舌鼓を鳴らしながら、お代りまでして婆汁を喰べ」ている時、「俄《にはか》に狸の正体を現はして、『婆喰つた爺やい、流板《ながし》の下の骨を見ろ！』と尻尾と舌を同時に出して、雲を霞と逃げて行きました」と語られています。ドイツに留学し、近代における児童文学・児童教育の先鞭《せんべん》をつけた巌谷小波にも、こうした話を「残酷」とみなす認識は存在しなかったということになります。

それが変化したのは、おそらく戦後の民主主義教育とかかわっているでしょう。厳密に追いかけてみたことがないので印象的な物言いになってしまいますが、戦後の国語教科書に採用される昔話の代表が「かさじぞう（笠地蔵）」であるというのが、昔話における変化を象徴しているはずです。徹底的にやさしく、そしてとことん貧乏なおじいさんとおばあさんが大晦日の晩に祝福されるという昔話が、横並びでどの教科書にも採用されます。それはおそらく、「かちかち山」の絵本から、爺さんがうまそうに婆汁を食う場面や、タヌキがウサギに櫂《かい》で殴られている場面が消えていったのと対応しているに違いありません。

四　やさしいだけでいいのか

昔話「笠地蔵」がだめだというわけではありません。ただ、気になるところが残ります。心やさしいおじいさんとおばあさんは、地蔵さんから祝福されます。しかし彼らは、ずっと幸せなままでいられたのでしょうか。ふつう昔話では、やさしさ＝貧乏、欲張り（意地悪）＝金持ちという図式が堅固に守られています。「隣の爺」譚がその代表です。そこから考えれば、地蔵に祝福されて豊かになったおじいさんとおばあさんは、金持ちになったのですから、やさしい心を失って欲張り（意地悪）になってしまうはずなのです。つまり、ごちそうや宝物を手にした途端に、二人の心は変わってしまわないと、昔話の枠組みから逸脱してしまいます。

日本の昔話の代表とされる「隣の爺」譚を思い出してみてください。どの話も、やさしいおじいさんやおばあさんが祝福されると、そのまねをして失敗するおじいさん（おばあさん）がかならず出てきます。出てこないと「隣の爺」譚にはならないのですから当然です。たとえば、「ねずみ浄土」という昔話があります。

やさしいおじいさんは、土の中のネズミの世界に招かれ、教えられたとおりにネコの鳴き真似をしてネズミの宝を手に入れます。それを知った隣のじいさんは、自分も宝物を手に入れようと、無理やり地面に開いたネズミの穴から地下に入り込み、ネコの鳴き真似をして見破られ、ひどい目に遭ったとか、殺されたとか、土の中に閉じ込められてモグラになったとか、さまざまなかたちで語られます。

夢（希望）と現実という二項対立的な語り口が、おそらく「隣の爺」譚を成り立たせているのです。「隣の爺」譚は、やさしいおじいさん（おばあさん）だけではいけないのだし、欲張りなおじいさん（おばあさん）だけでもまずいのです。両方の登場人物がいて、はじめて「隣の爺」譚は語られます。それに対して、「笠地蔵」のように、やさしいおじいさんとおばあさんだけが出てくる昔話は、どこかウソくさい感じがしてしまうのはわたしだけでしょうか。

ところで、「隣の爺」譚をみると、やさしいおじいさんの成功があり、続いて欲張りじいさんの物真似を語るという構造になっています。これは何を意味するのでしょうか。

昔話を論じる人は、やさしい心を強調するために、話の後半に欲張りや意地悪が登場するのだと説明します。しかし、もしそうなら、後ろに中心を置くという語りの性格からみて、やさしさは最後に語られたほうが効果的です。そうでなくては、やさしい心が際立たないからです。ところが、「隣の爺」譚の場合、あとから登場するのは、いつも意地悪で欲張りなじいさんなのです。物真似はよくないという教訓を語るためにそうなっているという説明も可能ですが、わたしは、この系統の昔話の主人公は、あとから出てくる欲張り爺さんのほうではないかと思っています。

ネズミにかじられたり穴に閉じ込められたりしてひどい目に遭うかわいそうな隣の爺さんに、語り手も聴き手も心を寄せているのではないか、そしてそれは、自分の分身として隣の爺さん(婆さん)が存在するからではないか。語り手も聴き手も、自分をやさしいおじいさんの側には置かず、欲張りで意地悪な爺さんの側に立っているのではないか。

このことに関して、瀬川拓男さんが興味深い事例を紹介しています。ある時、瀬川さんが「ねずみ浄土」という絵本を出したところ、「よくばりじいちゃん。もうすこしがまんして、もうすこしあとで、ニャーゴといえばよかったのよ。そうすれば、ねずみたちのおたから、みんなとることができたのに、もぐらにならなくてよかったのに。はやく、土のなかからでてきてね」というようなファンレターを数多くもらったというのです(『民話＝変身と抵抗の世界』一声社、一九七六年、三九頁)。

五　冒険に出る子どもたち

右に紹介したエピソードからは、昔話の残酷性を考える上でとても大事な問題が浮かびあがってきます。こうしたファンレターを出す子どもたちにとって、ヒーローは、あくまでもよくばりじいちゃんなのです。それは、同情というのとは違うと思うのです。ハラハラドキドキしながら絵本を眺め（あるいは読み聞かせてもらいながら）、子どもたちは、主人公といっしょに冒険に出かけていくのでしょう。最初に登場するやさしいおじいさんと冒険に行ったあとは、よくばりじいちゃんとも冒険に出かけます。そして、二度目のほうがスリルがあってずっとおもしろいから、自分と重ねながら、あと少しだったのにと感じて、よくばりじいちゃんのファンになってしまうのです。

最初にふれたわたしと娘のエピソードも、この子たちと同じではないかと思います。おそらく娘も、継子の少女に自分を重ねて物語の世界に入り込んでいたのでしょう。だから、実の父に腕を切られて捨てられる場面から始まる少女の冒険に、胸を躍らせていたのだと思います。

今はテレビやゲームに取って代わられているのでしょうが、ほんの少し前まで、子どもたちが、現実の世界ではない「もう一つの世界」があることを知り、そこで遊ぶたのしさを知る、その最初の体験をするのが昔話という語りの世界でした。そして、そこでは「心」の良し悪しが大事なのではなく、登場する少年や少女やおじいさんやおばあさんが、どんな冒険をしてどんな世界に行くのかという、純粋に物語的なたのしみだけがあったのではないでしょうか。

子育てと昔話

野村敬子

一　台湾から来たチュ・ママの場合

「子育て」とは年長者が幼い者の生命を養い、心を磨き、ひろく愛を知る「人間」を創る営みです。特に胎内に生命を宿す母親にとっての「子育て」は、ドラマチックで創造的な地平がありのます。『チュ・ママの台湾民話』（野村編　星の環会）の語り手の場合などは、子どもの生命そのものの尊厳を証《あか》す、感動的な「子育てと昔話」の関わりがみられます。

チュ・ママは台湾国籍の女性です。日本人と結婚し二人の娘に恵まれています。来日当時は気候が身体に合わずに病気がちだったそうです。ある日、救急車で運ばれた病院で医師に「あなたのお腹に二つの蝶々《ちょうちょう》がいますよ」と言われました。それを聞いて、彼女は躍り上がりたい気持ちになったと話しています。妊娠していたのです。超音波に子どもの心臓が蝶の飛ぶように見えたのです。二つの蝶々ですから双生児です。台湾で二つの蝶々とはこの上なく良い運命、人間関係においても比類のない好ましさを表わすとされていたのです。彼女はその言葉で胎内にある生命の幸運を感知したわけです。特に台湾には「二つの蝶々」を語る昔話があり、幼い頃から聞かされていたそうです。

「むかし。相思相愛の娘と若者がいました。若者が亡くなってしまいます。残された娘は毎日毎日お墓にずっと居続けて、最後に自分もお墓に入ろうとしたのです。その時お墓から蝶が飛んできました。娘もいつの間にか蝶になっていました。天の神さまが可哀相《かわいそう》に思い、もう二人が離れることのないように二つの蝶々にしてくれたのです。それで台湾では二つの蝶々はとても仲良しの印とされています。二の数字も四も良い数です。」

かなり大雑把な概略だけの記憶でしたが心情は伝わってきます。この伝えは中国で「梁山伯《りようざんぱく》と祝英台蝶々」として知られる二つの蝶々の物語に通います。元代に流行した歌劇で、元曲の四大作家の一人白樸《はくぼく》の戯曲にも扱われて、中国のロミオとジュリエットとも準《なずら》えられる純愛劇です。少数民族苗族《ミャオ》では人類が蝶の卵から生まれたという神話もあるほどですから、古伝承の世界には蝶々の占める存在感の大きさがあったようです。

台湾には台南の法華寺「夢蝶園」に蝶の伝承があります。唐代の大詩人李白《りはく》が「荘周夢胡蝶胡蝶為荘周（むかし、荘周《そうしゆう》という人が夢で胡蝶に変身、目覚めると元の荘周に戻っていた）」と詩にした伝えです。この詩は『荘子』の「夢胡蝶故事」を題材にして作られたということですから、更に時代を溯《さかのぼ》る伝承のようです。台南の「夢蝶園」については、明治時代に台湾探訪をした伊能嘉矩《いのうかのり》の日記にも記されています。「夢而化為胡蝶栩栩然蝶也」から始まる碑文が書き写されており、蝶の古伝承や人びとの蝶についての関心の高さなども知ることが出来ます。

ところで風の詩人・伝説の詩人と言われる李白にも、蝶に変身して風に乗り各地を気ままに巡ったという伝承が絡みついていました。そして誕生や名前についても、「母が宵の明星が懐《ふところ》に入った夢をみた時にみごもり、それで李白という名にした。白は縁起の良い宵の明星・太白の意味」と伝えられるのです。チュ・ママが二つの蝶々に呼《よ》び覚《さ》ました民族の古伝承には、意味深い文芸的背景も内在していたようです。そこにはみごもった母を予感させる物語の骨子《こっし》も透写《とうしゃ》されていたのです。

二　生命を支えた体験を語る

私はチュ・ママを訪ねた帰路、いつも最終の長野新幹線に乗り継ぎましたが折々、車中でうつらうつら母の夢をみたものです。語り手の母性に刺激されたからでしょうか、亡き母の姿は蘇《よみがえ》るたびに鮮やかで恋しさが募りました。その母もまた幼い私に昔話世界が生命を支える体験を語ってくれたことを思い出します。

幼児期、私が肺炎をこじらせて、「もう手遅れかもしれないから、何でも食べたいものをあげなさい」と、医師から言われるほどに弱ってしまった日のこと。私は「セイカン（西瓜《すいか》）食いて」と言ったそうです。親は西瓜を探し回りましたが既に季節は秋。山形県朔北《さくほく》の何処《どこ》にも西瓜は残ってなかったそうです。そこに「西瓜何てすや。一つ売れ残ってすまたちゃ」、見知らぬ行商人が立ち寄ったものですから、両親は有難くて思わずその老いた人を拝んでしまったとか。「あの方は弘法さまだった」と、成長するまで何度聞かされたことでしょう。反抗期には「嘘《うそ》だ。煩《わずらわ》しい」と激しく嫌ったのですが、そんな危うい時ほど、私の生まれた時から我が家にいる大好きなアネ（お手伝いさん）のアヤちゃんまでが、親たちが店に幕を引き休業にし、季節遅れの西瓜探しをしたこと、見つからない焦り、そこに訪れた見知らぬ行商人への感謝、弘法さまに助けられた生命の不思議を繰り返すのです。アネの声を聴き心が鎮まると、生命が自分だけのものではない道筋が、素朴な物語的回路でじんわりと伝わってきたことを記憶しています。以来、生命を粗末にすることや、まして自殺など弘法さまに申しわけなくて考えることさえ出来ないわけです。

　東京都渋谷区社会教育課の講座で、シルバー世代の方々にこの体験を話しましたところ、「そんな話なら自分にも」と、中島明子さんが「私は幼い頃に一度死んだの。生き返った記憶が自分にもありますが、親たちが懸命に私を呼び戻してくれました。だから生命を粗末にはできないと自覚して生きてきました」と、話しておられます。明治四三年（一九一〇）山形県酒田生まれの小松センさんの話は活気があります。「むかしはみんな子沢山でね。そんな家では産婆に男の子だったら生かして、それ以外は助けてくれるな。と頼んだものですが、私が生まれた時、あまり大きくてバタバタ強く手足を動かすものだから産婆は、てっきり男の子と思ったそうですよ。産《うぶ》湯《ゆ》をつかったら女の子だったので、せんかたなしと、センという名前にしたそうですよ。本当ならば私はこの世に居なかったわけね」、矍鑠《かくしゃく》とした九三歳の名前のいわれは聞き手の心を和ませました。

　いずれも素朴ながら、しかし強い願いを内在させた固有の生命の物語をもって生きてきた日本人の姿が浮き彫りにされるようです。中には「京都生まれの私は清水寺の藪《やぶ》に捨てられたけれど、傷一つなくて人に拾われ助けられた。それでその人に育てられたわけですが、名前がわからないので養父母は清水寺の一字をいただいて清子にしてくれたんですって」という深刻なものもありました。

こうした不思議や偶然に彩《いろど》られたさまざまな生命の物語につきましては、『女性と経験』に報告しましたが、扱われる内容の厳しさとは裏腹に、現にここに生きて自分の物語を紡ぐという事実の明快さに気付かされます。マイナス要因を含んだ自分自身の誕生や成長秘話に生命の輝きが宿り、その秘話こそが話者にとっての唯一無二の存在証明となっていることにも気付かされます。非科学的で矛盾に満ちてはいるものの、かつての民俗社会は生命を育《はぐく》み養うことを眼目にした素朴な物語要素を孕《はら》み、各自が自己立証の物語を持つような沃野を抱いていたということも考えられましょう。この世にたった一つの生命の物語を語りだした人は扶育にあたった祖母や産婆、親たちや子守など子育て環境を創った人々です。昔の育児も捨てたものではありません。嘘かも知れないと思いながらも、窮地に陥っても自ら生命の物語に支えられて、しなやかな回復を果たした人は少なくないのです。もちろん科学万能時代の当代には、それに相応《ふさわ》しい物語が生まれて、子どもの心を捉えて離さないドラマチックな育児空間が存在していくことが望ましいわけです。

三　産婆たちが語った「産屋話」

渋谷で理容業を営んだ小松センさんに拠れば、この名前のいわれは取上げ婆さ（産婆）が伝えてくれたそうです。如何《いか》にもこの話は取り上げた人ならではの実感が込められ、子ども心にも説得力に満ちたものとして伝わったようです。女はか弱く優しくあればよいという時代風潮の中で、

「産婆が男の子と間違えるぐらいならばと、学校では男の子たちと元気に遊び廻ったものです。結婚後もそれが役に立ったようで、太平洋戦争後資格が必要になった時代には逸速く、怖れることなく男に混じって床屋の免許をとり家族を支えましたよ」と、述懐しています。

　古い話が続きますが、こうした産婆経由の話は小松さんに限らず、いろいろな方が自分自身にまつわる形で内蔵しているようです。話の種類も幾通りかのタイプがあり、寺に捨てた子が無傷で助けられる話は『古本説話集』「依清水利生落入谷底少児令生四十九」に清水観音霊験譚として文献例をみる事ができます。古く大衆の総意によって創られた話の核が、仏教などを通して世間に波及しているうち、産婆たちの出入りする産屋に取り込まれ、特有の文化として熟していったのでしょう。これらの話を私は「産屋話《うぶやばなし》」と呼んでみました。

　産屋とは昔のお産を扱う領域を指し、現在の産室とは別けて表わす語彙《ごい》として扱っています。昭和期まで日本の各地にお産用の小屋、部屋、板戸で囲った土間に藁《わら》を敷いたり、町方では屏《びょう》風《ぶ》で仕切るなど特別な非日常のしつらえが準備されたものでした。まだ民俗資料として保存されるものもあります。山間部の羽前小国、海村部や、若狭の産小屋などがよく知られています。江戸時代の『産屋やしなひ草』には「産は病気に非《あら》ず」と書いてありますので、医師の世話を受けず巧者な女年寄りが出産を支えていた様子が偲《しの》ばれます。

『誹風《はいふう》 柳多留《やなぎだる》』に「産の伽《とぎ》口が動くでもったもの」などと、町方でもお産の互助があり伽の人は眠らずに、赤ちゃんと産婦の安全を見守りながら夜通し食べ物を口に運び、一方で話をしていたようです。「濡れ袋持って夜伽の礼に寄り」には産の伽が近隣の女性たちによって行われた様子も知られます。前の句にあるように産屋では口を動かし、絶えず話をし、食べ、笑い、賑やかに夜明けを待っていたのは、夜陰に乗じて産屋を狙う魔物を意識しての行動様式と考えられます。産婦や乳児の死亡率が高かった時代ですから、声を出して夜の不安を妨げ、夜通し火を焚《た》いて暖をとっていたのです。不眠の「産屋話」に笑話が多いのも頷《うなず》けるところです。「産屋話」と思われるものが今も縁者に伝わっている例もあります。國学院大學栃木短期大學口承文芸ゼミ二年生の鶴岡佳恵さんが報告した「私の一話」は大正時代生まれの伯母さんの誕生にまつわる話です。

「陣痛がはじまったので曾祖父が産婆迎えに行ったが一向に帰らない。陣痛が近くなり近所の人が探しに行ってくれた。その人は曾祖父を発見したが何と川の中であっちに行ったりこっちに行ったりしていたのだ。本人に話を聞くと聞き馴染んだお産婆さんの声で『こっちだこっち』と呼ばれて声のする方へ向かっていた。声を掛けられるまで水の中にいることさえ気付かなかったという。皆は狐がたくさんいた頃ですから狐に騙《だま》されたと……」

この話には血族だけではなく、近所の男性も手を添えて伯母さん誕生を支えた大正時代の民俗思考が滲《にじ》みます。しかも当地方の「狐のお産」を踏まえ、同時刻にその産婆が狐の家にも呼ばれているらしい伏線があり、如何にも「産屋話」らしい楽しさに満ち、伯母さんが成長しても老人になっても、伯母さんにぴったりと寄り添っています。笑いを誘う平凡な世間話が、誕生にまつわるエピソートとなる時に、誰でもない伯母さん固有の生命誕生を彩る話として完結し、久しく一族に記憶される伝承動態を知ることが叶《かな》います。

四　科学では説明できない不思議

ところで現代の子どもたちに、その子ども固有の存在感を証す物語はあるでしょうか。生命を彩る物語は語られているのでしょうか。最近は学校で自殺をする子ども、いじめ問題など痛ましい出来事が報じられています。また親が子を虐待死させるというニュースも数を増して暗澹《あんたん》たる想いです。それら若い親たちがしつけと称する虐待には、子産み子育てに内在する筈《はず》の、物語的で根源的な愛の枯渇さえ疑ってみたくなります。子どもを生むという自然な営みが、医学の中に取り込まれるようになり、不衛生な産屋民俗の昔風は周産期から遠のきました。産屋の伽に記憶される人々の互助や物語を語り聞く人間関係の濃《こま》やかさも、それと共に日本から消えていきました。育児書に頼る衛生的で近代的というお産、子育ては随分孤独になってしまったのです。

ところで一方、アメリカの小児医学者M・H・クラウスが『Materal infant bonding』に記した研究「doula」（竹内徹訳）に拠りますと、出産時から暫《しば》く母親に寄り添い手助けする女性たちドウゥーラが付くと、付かない場合より出産はうまくいき、乳児の生育にも良好なドウゥラー効果が出るという報告もあります。しかも後々に誕生に立ち会った子どもに、ドウゥーラたちが母性的な心情の芽生えを感じる代理母性の効果も確認されているそうです。現実、母が亡くなった子どもを引き受け、養母として育てたドウゥーラの例も紹介されています。まだまだ人の生命や生育、扶育のメカニズムには、科学が解明できない心の不思議がいっぱいということのようです。

私は子育てには、この心の不思議がとても大切だと考えています。人間にとって最も尊いのは心の豊かさであると信じているからです。その豊かさの素地を創るのは昔話など、不思議な架空の物語を聴いてハラハラドキドキ涙したり喜んだり怒ったり笑ったり、心の弾力をつけ、自由に想いの翼を広げる体験が大切だと考えています。大人たちが真面目《まじめ》な顔で語る、子ども自身の命名や誕生を語る不思議・生命の物語との出会いは、幼い心をどれほど活気づけることでしょう。

新生児でも耳は聞こえていると、私に教えてくれたのは看護師の資格を持つ語り手でした。加我君孝氏たちの「聴覚神経系の発達」などの研究で、赤ちゃんは胎生一五週から二五週で聴こえが始まるとされていますから、生まれる時は既に聴覚を完備し人の声が聴こえるわけです。チェンバレンの『誕生を記憶する子どもたち』という本には、生命源郷を物語る子どもたちの例が報告されています。歌人・國學院大學栃木短期大學の岡野弘彦学長は誕生の記憶を短歌や随筆に記され、学生たちへの講演でも触れておられます。最新歌集『バグダット燃ゆ』にも次のような注目すべき歌が収められています。

生《あ》るる日の記憶かたれば　母ひとり　わがひたぶるを諾《うべ》なひましき

生みをへて　血の気うせたる母の貌《かお》。くらき灯かげに　息づきてをり

ほかにも三島由紀夫や木下順二、まどみちお、黒沢明など……優れて豊かな感性の持主たちは、誕生を記憶し、生命の源郷へと向かう同様の記憶があると記しています。

遠い時代の産屋のドゥーラ・伽の人々は七日七夜もの産屋話をしたのですから、新生児の聴

覚刺激も大変なものに違いありません。
子育ての第一歩として、赤ちゃんへ唯一無二の「生命の物語」プレゼントは如何《いかが》でしょうか。

参考文献

・伊能嘉矩著『台湾文化志』
・『昔話―研究と資料』32、日本昔話学会、所収拙稿「周産期と伝え・聴こえ」
・『野州國文學』第七〇号、國学院大學栃木短期大學、所収拙稿「周産期と口承文芸―人生最初に出会うもの」
・『岩波講座日本文学史』第一七巻、所収拙稿「昔話と女性」
・『周産期医学―母子相互作用』東京医学社
・『女性と経験』26、女性民俗学研究会
・ドクターチェンバレン著『誕生を記憶する子どもたち』春秋社
・スタニフラス・グロス著『脳を超えて』春秋社
・『バグダット燃ゆ　岡野弘彦歌集』砂子屋書房

昔話を聞く子どもたち

杉浦邦子

一 幼児の耳に届ける昔話

「あーちゃん、お話ししてくれる?」

久しぶりの出会いを喜んだ三歳の孫は、こんな言葉を継いで私を嬉しがらせてくれます。この孫は男の子で、あーちゃんとは祖母である私のこと、彼の言う「お話」とは主として昔話を意味しています。

けれども、手をつないで家に入ると、玩具《おもちゃ》を出してきて一緒に遊びたがります。食事もしなければなりません。再び「お話しして」と言うのは、お風呂の中で「だいこんとにんじんとごぼうの話」をねだるときですが、本格的にせがまれるには寝る前のひとときまで待たねばなりません。子どもながらにお話を聞く時と場を心得ているようです。散歩の途中や車の中で「お話ししようか」と誘うと、嬉しそうに聞くこともありますが、何かに夢中になっているときは、当然ながら拒否します。

聞く子どもの側に、聞こうとする意志と姿勢がなければ、どんなに面白い昔話も子どもの耳には届きません。

　二十余年も前になりますが、私は近所の子ども文庫で、子どもたちに昔話を語っていました。図書館や児童館などでも、地域の子どもたちに昔話を語りました。ですから、自分の孫が出来たときには、かなり熱心に昔話を聞かせました。初めての孫は女の子でしたが、八ヶ月くらいから聞いてくれました。冒頭の男の子は、その母親である娘が里帰り出産をしましたから、誕生の直後から、話しかける機会に恵まれました。もちろん、それは昔話ではありません。あなたが生れてくるのを、どんなに待っていたか、元気な産声を聞き、顔を見てどれほど嬉しく思っているか、ということをゆっくりと話しかけてみました。分ってくれたような気がしたものです。

　子守唄は熱心に歌ってやりました。特に子守唄ではなくても、わらべ歌をゆっくりと歌うこともありました。そのうち、ある一つの歌に反応するのがわかりました。岩手県江刺市出身の優れた語り手で友人の佐島信子さんに教わったわらべ歌「地蔵《ずんぞ》こそ地蔵《ずんぞ》よ」[1]を、私の生活語にして、次のように歌ったのです。

〽道のわきの六地蔵　ねずみにかじられた
　ねずみこそ地蔵よ
　ねずみこそ地蔵なら　どうして猫にとられるの
　猫こそ地蔵よ
　猫こそ地蔵なら　どうして犬に追われるの
　犬こそ地蔵よ
　犬こそ地蔵なら　どうしておおかみを怖がるの

おおかみこそ地蔵よ
おおかみこそ地蔵なら　どうして人に撃たれるの
人こそ地蔵よ
人こそ地蔵なら　どうして地蔵をおがむの
地蔵こそ地蔵よ

リズムやメロディは、江差方言に則《のっと》っているのですが、あえて、私の暮らしの言葉をそのメロディにのせてみました。私も娘も、普段共通語を遣《つか》って暮らしているからです。赤ちゃんは、母親の遣う言葉を母語として育ちますので、生活語で歌いました。すると、このわらべ歌が、孫にとっては「T男くんのテーマソング」というほど好きな歌になり、泣いていても泣き止むのでした。赤ちゃんにもはっきり好みがあるのに驚きました。

月齢が進むと、指遊びや身体に触れながら遊ぶ歌を楽しみました。リズムのある言葉に合わせて、身体をゆっくりと、また速く揺すってやると喜んで、何度も繰り返させられました。こうして、聞く喜びと共に、扶育する大人と肌を触れ合う心地よさを知っていったと思います。心身で他者と共鳴し、コミニュケーションの呼吸をも覚えるのではないかと思います。

普段、孫たちとは遠く離れて暮らしており、始終会っているわけではありませんので、その子に最もふさわしい歌やお話をちょうど良いタイミングでしてやれるとは限りません。二歳になる少し前に、「初めて語る昔話」(2)を語ってみました。しっかり向き合って語ってみると、じっと聞いていていて、相づちを打つように、絶妙なタイミングで「うん」と言うではありませんか。嬉しい驚きでしたが、赤ちゃんは世話をしてくれる大人との間で、言葉を覚える前から阿吽《あうん》の呼吸のように心を交流させていて、自然と声が出たのでしょう(3)。

私は、続いて「鳥呑爺《とりのみじい》」を語りました。これは、長野県飯山市の語り手、広瀬ダイさんに聞いた昔話を私の言葉で語り換えたものです。「隣の爺」型の話ですが、隣の爺が真似をして失敗する後半は割愛しました。幼い子どもには長すぎますし、幸せな結末の方がいいと思ったからです。孫は、「あやちょうちょう　こやちょうちょう　黄金《こがね》ざらざら　びびらびんざんとーん」という小鳥の鳴き声のところでは声を立てて喜び、すぐに覚えて一緒に唱えました。少し大きくなると、山形県最上《もがみ》郡真室川《まむろがわ》町の語り手、新田小太郎さんに聞いた「鼠浄土」を、これは隣の爺の失敗まで語りました。中で、ねずみたちが歌う餅搗《もちつ》きの歌が面白いのです。

こうして、会う度に昔話を孫と楽しむ時間は増えていきました。既に知っている話を聞きたがりますので、新しい話はほんの少しずつ加わりました。ほとんどは日本の昔話ですが、時には外国の昔話も語りました。中でも、ロシアの昔話「三びきのくま」の吸引力には驚いています。

いつまでもねだられて、先に眠くなるのは私の方ですが、それでも二人にとっての至福の時であるのは間違いありません。

二　肌のぬくもりと語り

個人的な体験を縷々《るる》綴《つづ》りましたが、右に述べた営みは、テレビやゲームなどはなく娯楽の少なかった時代、照明も暗かった時代には、当り前の暮らしの一齣《ひとこま》だったのではないでしょうか。現代の生活では、少し意識的に歌ったり、遊んだり、語ったりする時間を取ろうとしないと、乏しくなるどころか消えて無くなってしまう情景のようです。

歌い、語る立場の大人たちに、歌ったり語ったりしてもらった体験の無い人が多くなりました。私自身、幼い頃に昔話を聞いた記憶はありません。わずかに覚えているのは、目の中にゴミが入ったときに、早口言葉のような歌を唱えながら、眼に手を添えてフッと吹いてもらった感触や、手と手を合わせて遊んだ歌の幾つかだけです。中に、次のようなものがありました。

〽熱田様《あつたさま》に参って　松原越えて　目医者に寄って　お花一本折って　方々で叱られて　口惜しいことよ　無念なことよ　知りもせんことに　おへそに笑われた[4]。

歌に合わせて、子どもの頭・眉毛《まゆげ》・目・鼻・頰《ほお》・口・胸・尻・臍《へそ》と、順に触ったり軽くつねったりします。次々と触られていく時の、触ってもらいたいような、逃げたいような表情と、最後には声を出して笑い転げるのは、どの子どもも同じです。

昔の人は、幼い子どもに歌うでもなく語るでもない「うたむかし」という文芸を用意していました。言葉遊びのように連鎖的に展開する詩のような物語、といったらいいでしょうか。メロディというには単調に、語りよりは抑揚のあるリズムで歌われます。「うたむかし」については、野村敬子氏のご教示により知りましたが、実際に聞いたのは、山形県最上郡真室川町の語り手、土田賢《けん》さんからでした。寝る前に、おばあさんにせがんで聞いたのだそうです。こんな感じです。

〽次郎コ太郎コ　花折り行がねが　なに花折り　しんごんばな折り　去年の春も行ったげな今年の春もあべちゃや　一本折ってゃひっかつぎ　二本折ってひっかつぎ　三本目には日ゃ

暮った　…（中略）…いってぇどってゃあ　ちんちんちんちん　けぇぁどってゃあ　ちんちんちん　ちんちんむし　はやぁーたぁはやたぁ[5]

名古屋市内のある会で、賢さんの録音テープをお聞かせしたところ、年輩の女性たちが、子どもの頃にこんな歌を聞いたと口々に言われました。何十年か前までの日本には、各地方にそれぞれのお国言葉の「うたむかし」があり、母の声で子どもの魂を慰めていたのでしょう。

ところで、このようなプレ昔話体験を経たとしても、誰もが昔話大好き人間になるわけではありません。また、どんなにお話の好きな子どもでも、のべつ幕無しに聞きたがるわけでもありません。幼い子どもにとって興味の対象は無数にあるわけですから、やりたいこともたくさんあるはずです。お腹が空いたら何か食べたくなるように、お話を聞きたいときに語ってもらえたら一番幸せだと思います。

集中して聞けない子どもには、その子を抱いて、しっかりと目を合わせて「私は、あなたにお話ししているのよ」という意志を伝えるのがよいと思います。語りを押しつけるのではなく、「あなたに伝えたいのよ」という気持ちと、「わたし（ぼく）だけに話してくれるんだ」という気持ちの通いあいは、子どもの心を落ち着かせ、耳を傾けさせるでしょう。

言葉を発する前から、人間どうしのコミュニケーションが成立していることと、肌を触れ合えることという、もっとも素朴な人間関係が、昔話の享受の基《もと》にあるのではないかと思います。それを育《はぐく》むには、家庭こそふさわしい場所だと思います。しかも、それを心がけるのは、わずかな時間でよいのです。

ここ何十年間は、公共図書館や子ども文庫、児童館や学童保育所、幼稚園や学校などで、複数の子どもたちが揃《そろ》って昔話を聞く機会が増えているようです。社会生活ができるようになった子どもが、友達と一緒に昔話を享受するのは、素敵な体験です。じっと座って聞くのが苦手な子どもも、何度か聞くうちに、良い聞き手になります。語り手と聞き手の間には、今語られている昔話を共有しているという一体感が生まれます。その上、昔話には、子どもの成長にとって大切なメッセージが潜在しているといわれます。

それは素晴らしく貴重な営みですが、幼児期には、心の通い合いや喜びを分かち合うことと同時に、肌の触れ合いを、大切にしたいと思います。先に挙げた「熱田様」の遊びを、いきなり初対面の子どもにするのはふさわしくありません。よく知っている身近な大人がやってくれるので、子どもは安心して嬉しがるのです。家庭でするのがふさわしい遊びと社会でできることとあるように思います。

昔話を聞いて育った人が、おばあちゃんの懐に抱かれて聞いたとか、おじいさんのあぐらの中で聞いたという体験を、しばしば耳にします。暖房の乏しかった冬の夜、おばあさんは孫の冷えた手足を自分の体温で温めてくれたと話してくれた人もいます。肌のぬくもりは、体だけでなく、心の中までほっかりと温めてくれたことでしょう。そんな状態で聞いた昔話は、幼い心と身体に刻み込まれて、一生の宝物になったことでしょう。そして、人間に対する信頼もまた揺るぎないものになったと思います。

「鼠浄土」を語ってくださった新田小太郎さんは、農家の長男に生まれ、世話好きで多才な方でした。そして、戦前戦中はもちろん戦後も、数々の苦労を乗り越えて、豊かな一生を全うされました。新田さんは、幼い頃、おばあさんに育てられたのですが、おばあさんは、夜寝るときはもちろん、昼間も孫と手をつないで歩きながら、昔話や伝説を語ってくれたそうです。新田さんは、「お乳を飲むように、お粥《かゆ》を食べるように昔話を聞いた」と言われました。昔話は長い人生を生き抜くための智恵であったと、振り返っておられました。大人どころか八〇歳になっても、良心に反することを考えると、思わず部屋の隅や天井を見る癖が付いてしまった、何しろ「悪いことをすると神様が見ている」というおばあさんの言葉が、心の奥に染みついているからと笑いながら言われたのが印象的でした。

三　小葉《こば》育ちと昔話

その新田さんに「小葉育ち」という言葉を教わりました。小葉とは植物の種を蒔き、芽が出て最初に出る葉のことです。この時期に、根をしっかり張らせて丈夫な茎や幹を育てておかないと、実を付ける頃になって立ち枯れしたり、青枯れに見舞われるのだそうです。人もこの時期に心の栄養を摂《と》らないと、大人になっても自立できないと言われました。このことを、幼児を持つお母さんに是非知ってもらいたい、と熱っぽく話されました。

体験に基づいた卓見ですが、これに加えて、私も多くの語り手の方々と言葉を交わすうちに、昔話と食べ物は密接な関係があると思うようになりました。口は、もの言う働きと、ものを食べる働きをします。食べることは生きる基であり、言葉を遣うことによって人は人たり得るようになります。幼い子どもには、食で身体を育て、語りで心を育てたいと思います。

子どもには食べ物の好き嫌いがあるように、昔話の好みもあります。子どもの年齢やそのとき置かれた精神状態でも求めるものは異なります。それを見極めて、一人ひとりに今、最もふさわしい話を届けるのも、家庭の中なら容易にできます。

子どもには、大好きな人から聞く喜びを、大人には、可愛い幼子に歌い・語る喜びを持って欲しいと願っています。

注

(1)道の脇の六地蔵《ろくずんぞ》鼠に囓《かじ》られた／鼠こそ地蔵よ／鼠こそ地蔵ならなして猫にとられんべ／猫《ねこ》こそ地蔵よ…以下、傍線部だけを犬・大犬・人・地蔵にして、他は同文で繰り返す。

(2)野村敬子氏の導きで、山形市の高橋成典さんから聞いた。〈おばあさんが川で洗濯をしていると赤い小箱と白い小箱が流れてくる。お婆さんが「あぁかいこン箱こっちゃぁこい　しぃろいこン箱あっちゃいけ」と言うので、赤い小箱は喜んで寄ってくるが、白い小箱は悲しそうに向うへ流れていった〉という昔話の発端部だけのような短い話。

(3)杉浦邦子「聴耳の芽生え」（大藤ゆき編『母たちの民俗誌』岩田書院）参照。

(4)あったさまは、熱田神宮（名古屋市）のこと。ここを、東京では愛宕様というなど、身近な神社等の名を付けて各地にある。

(5)杉浦邦子『土田賢媼の昔語り　口から耳へ耳から口へ』（岩田書院）参照。

語りの〈場〉としての図書館

根岸英之

一　今、昔話が語られる〈場〉は？

ひと昔前まで、昔話などの口承文芸は、多くは日ごろ顔を合わせている地域の人々の間で、口から耳へと語り伝えられてきました。村を訪れる商人や旅芸人など、民俗社会の外から来た人や、語りをなりわいとしている人からも、語りはもたらされましたが、それはあまり多いことではありませんでした。

二一世紀の今日、昔話は、どこで語り伝えられているでしょう。純粋に口から耳へと伝承される機会は、あまりないのではないでしょうか？　昔話はもっぱら、「本」の中に存在し、ときに大人が「本」を見ながら「読み聞かせ」をすることが精一杯。夜子どもが寝つくまで、大人が空覚えに覚えたお話を語って聞かせることがあれば、それは今の時代にあっては、とても幸せな子どもと言ってもいいかもしれません。まして、日常的に身近な祖父母や父母から、昔話を語ってもらえる〈場〉は、ほとんどないと思われます。

こうした時代の日本において、お話のたくさんつまった「本」にあふれ、お話を定期的に伝える〈場〉として機能しているのが、図書館といえます。

日本の図書館の「お話会」は、戦前から見られましたが、今日の流れにつながるものとしては、戦後に、アメリカの図書館における「ストーリーテリング」が紹介されてからとされています。「ストーリーテリング」というのは、直訳すれば「お話を語ること」で主に児童サービスの一環として、子どもたちに「おはなし」を語って聞かせることで、その楽しさを伝え、物語（文学）への興味・関心を高め、本への結びつきを図る目的で行われています。全国のほとんどの図書館で行われているといってていいでしょう。

二　千葉県市川市の図書館で

たとえば、私の住んでいる千葉県市川市は、江戸川をはさんですぐ東京都に接する郊外都市ですが、市の中央部に建つ中央図書館には、独立した「こどもとしょかん」フロアが設けられ、その一角に作られた丸いドーム型の「おはなし室」で、定期的に「おはなし会」が行われています。市川市のこどもとしょかんの場合、三〜四歳児の親子対象に指遊びや赤ちゃん絵本などに親しんでもらう「らっこの会」（毎週一回）、四歳以上の子どもを対象に絵本の読み聞かせをする「えほんの会」（毎週一回）とならんで、五歳以上の子どもを対象に「おはなし」（おはなしを何を見ないで語ることから「すばなし（素話）」ともいわれます）と絵本の読み聞かせを組み合わせた「おはなし会」（月一回）が行われています。

表は、こどもとしょかんの「おはなし会」で語られたお話の例ですが、作家による創作のお話より、「かさこじぞう」「ねずみのすもう」のような日本の昔話や、「王子さまの耳はロバの耳」

市川市こどもとしょかん「おはなし会」の「おはなし」リスト

	2005（平成17）年度		2006（平成18）年度	
月	おはなし	民話の伝承地	おはなし	民話の伝承地
4月	（開催なし）		（開催なし）	
5月	ひなどりとねこ	ビルマ	こすずめのぼうけん	創作
6月	あなのはなし	創作	おだんごぱん	ロシア
7月	さるのきも	タイ	王さまとオンドリ	パキスタン
8月（1）	王子さまの耳はロバの耳	ポルトガル	ミアッカどん	イギリス
8月（2）	おどるがいこつ	日本	うまかたやまんば	日本
9月	まめじかカンチルが穴に落ちる話	インドネシア	ヤギとライオン	トリニダード
10月	かにかに、こそこそ	日本	なら梨とり	日本
11月	マメ子と魔物	イラン	きんいろとさかのおんどり	ロシア
12月	こびととくつや	グリム	おつきさまのはなし	創作
1月	かさこじぞう	日本	王子さまの耳はロバの耳	ポルトガル
2月	ねずみのすもう	日本	かにかに、こそこそ	日本
3月	ふるやのもり	日本	あなのはなし	創作

「おだんごぱん」のような外国の昔話などが、子どもたちにより多く語られていることが分かります。これは、子どもたちが絵や文字に頼らず、耳で聞いてお話を楽しむのに、伝統的な昔話が適していると、理解されているからです。

昔話は一般に、登場人物や行動が単純化され、ことばや出来事が繰り返し語られたりします。それは、昔話の表現レベルが低いというのではなく、むしろ物語や文学の土台となるものであり、それゆえ、普遍的に受け入れることのできるお話であると見るのが適切でしょう。こういう土台を楽しめることで、より個性的で独自性をもつ創作のお話や、複雑な人間関係や世の中のあり方を受け入れることができるようになるといえます。

三　「本への結びつき」にこだわらず

図書館は、「本」を扱うことが中心ですから、そこで行われるお話会も、どうしても「子どもを本に結びつける」ことが暗黙裡《あんもくり》に設定されます。もちろん、お話会は、子どもがわざわざ図書館まで足を運んで、日常的に暮らす家族とは別の大人からお話を聞かせてもらう機会ですから、その楽しみを自宅に持ち帰り、自分の身近な家族と再体験をする仲立ちとして、「本」という存在は大変有益な「道具」といえます。

けれども、お話は本来、語り手と聞き手が心を通わせ合う語りの〈場〉に、一回きりの行為として立ち現れるものであって、「本」の再現の中にあるわけではありません。ですから、〈「本」がないから語れない〉わけではありませんし、作家の著作権への配慮は必要ですが、〈「本」に書いてある通り一字一句間違えないで語らないといけな

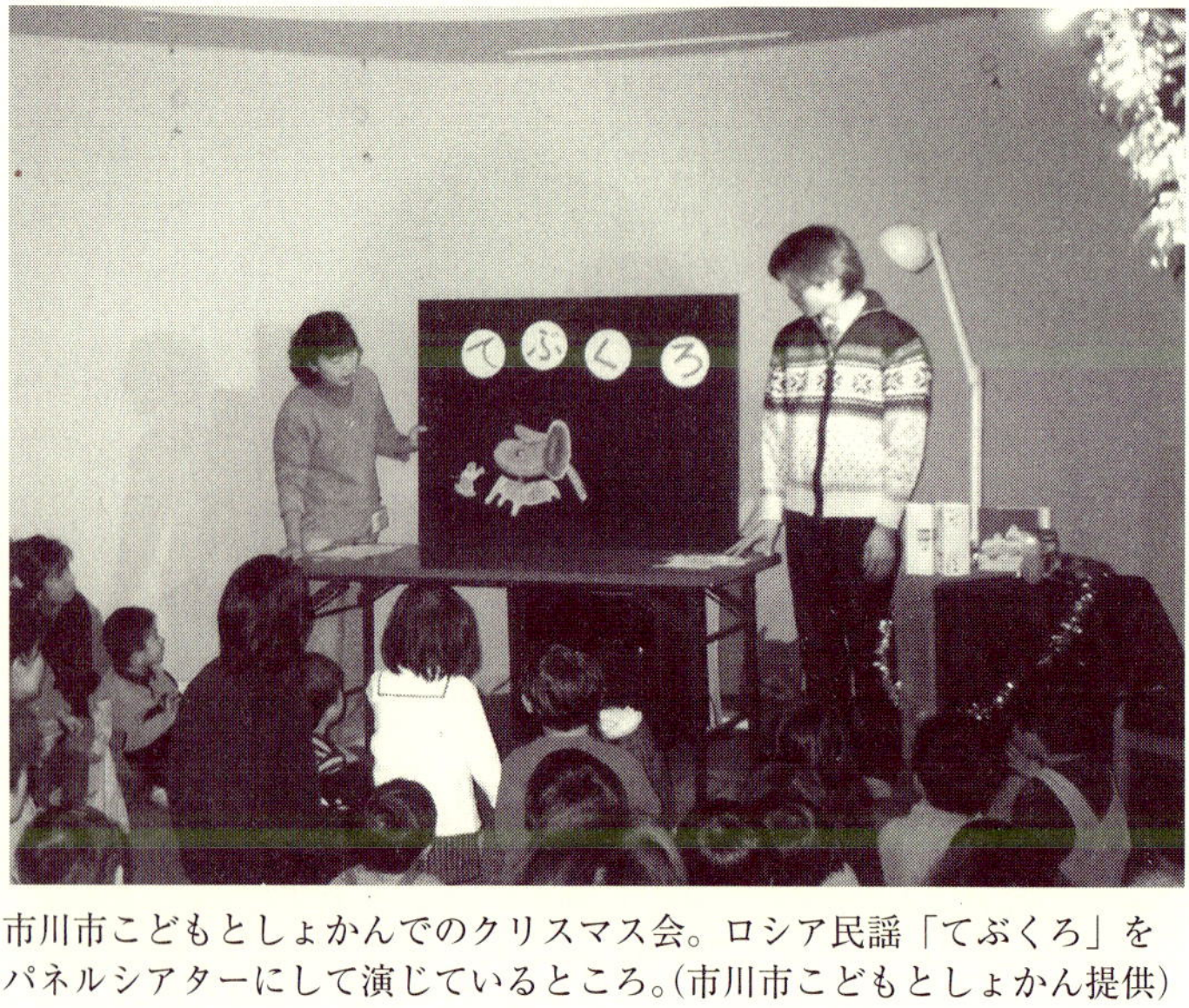

市川市こどもとしょかんでのクリスマス会。ロシア民謡「てぶくろ」をパネルシアターにして演じているところ。(市川市こどもとしょかん提供)

い〉と、逆に「道具」にしばられてしまうことには自戒的でありたいものです。

「本」への結びつきが最終目的ではなく、お話を味わう〈場〉を提供することが、今日の図書館としては重要であって、その着地点の一つとして「本」があるように私は考えています。

四　地域の昔話を

たとえば、皆さんの住んでいる地域には、子どもが楽しめる地域の民話の本があるでしょうか？　元来、地域に伝わる昔話や伝説は、地域の人々の間で語り伝えられているもので、「本」は、それに価値を見出し、失われていくのを防ぐ一つの「再現道具」として存在するものです。ですから、「本」に記録されることのない多くのお話が、地域には伝わっているわけです。

地域のお話の「本」がないからといって、そうした地域のお話に目を向けないのは、図書館としてあまりにもったいないことです。絵本になった日本の昔話や外国の昔話は語られるのに、子どもたちの日常の生活圏の中に伝えられた昔話や伝説が語られない状況に、どこかねじれた感じを覚えてしまうのです。地域の図書館は、地域の情報を記録し、次世代に伝える役割を持っているはずです。その意味で、私は図書館のお話会で、もっと地域に伝わる話を取り上げ、子どもたちに伝える機会が増えていくことを願っています。

子どもが毎日目にする「あの川」に、〈河童《かっぱ》が住んでいたんだよ〉と伝えること、〈この神社はこういういわれで作られたんだよ〉と伝えること、〈このお話は、どこどこのおばあちゃんから聞いた話だよ〉と伝えられること、それがどれだけ、子どもたちの日常生活に彩《いろど》りを与え、そこで住むことの心の安定を与えるか、今一度立ち返って考えてみたいところです。

五　地域交流のきっかけの〈場〉として

もちろん、こうした環境を整えるには、図書館の職員だけでなく、地域の関心ある大人たちが関わりを深めてこそできることでしょう。図書館のお話会が、お話を味わう〈場〉を提供することにあると考えるならば、図書館の職員だけでなく、昔話を語れる地域の方を招いて語ってもらうことがあってもいいでしょう。その場合、地域のお話を語れる人だけでなく、青森県や沖縄県から移り住んできた方がいれば、その生まれ故郷のお話をしてもらってもいいですし、韓国やドイツから移り住んできた方がいれば、外国のお話を語ってもらってもいいのです。

私自身も、こどもとしょかんに勤務していたときに、「出張おはなし会」として、小学校に呼ばれて読み聞かせなどをしたことがありますが、そのときは、プログラムによっては、学校の近くにまつわる民話を語ったりしたこともあります。

図書館のお話会が、図書館だけにとどまっている必要はなく、むしろ図書館の語りをきっかけとして、学校で、家庭で、地域で、語りの〈場〉が広がっていくような、地域の人々の交流の触媒（きっかけ）の〈場〉としての役割を担っていくことが、これからは求められるのではないでしょうか。

六　図書館だからこそ

もっとも、こうした語りの〈場〉は、今や図書館だけにとどまらず、家庭文庫、児童館、子育てサークル、さらには遠野に代表されるようなさまざまな文化・観光施設などで、行われていきます。伝統的な村落共同体の語りの〈場〉が、時代によって変質していくことは必然であり、これからは、ますますこうした語りの〈場〉の重要性が増してくるでしょう。

どんなところで行われる語りでも、それぞれの意味があるでしょうが、仮に「図書館だからこそ」ということを考えるとしたら、「語りは一回きりの行為である」ということと一見矛盾するようですが、「語りの記録を残すこと」という点を意識してみたいと思います。

地域の図書館や博物館相当施設は、〝過去を集積し、現在に役立て、未来を築き上げていく〟ための働きを持っているはずです。「本」は、その役割を果たすもっとも中核的な「道具」といえますが、「本」という形を取らずとも、お話会でどんなお話を語り、子どもたちはどんな反応をしたのかといったことを記録に残していくことも、語り文化を検証するうえで、大きな意味をもっていく情報といえます。そこから進んで、地域のどんな人がどんな話を知っているのかとか、語りのテキストを残すとか、地域のお話を記録するとかがなされ、だれにでもその情報を提供できることになれば、それこそ図書館ならでは意義が高まると思います。

遠野市立図書館博物館に行けば、何年何月の昔話村では、どんな語り手がどんな昔話を語ったのかが分かり、そのときの語りが録音資料として残され、文字テキストとして保存されているとしたら、それは地域の財産であるだけでなく、学術資料としても宝物になるに違いありません。

七　子どもも大人も

今回は、「子どもに昔話を」ということでしたので、大人が子どもに伝える側面にポイントをしぼって、思いのままを語ってきましたが、子ども自身が語り手になって昔話を語る機会を実践することもできます。また、大人を聞き手とした語りの〈場〉を提供することもできます。さらに、語る大人にとって語りの〈場〉がどんな意義を持っているか、昔話以外に戦争体験や「パーソナルストーリー」を語ることの意味なども、いろいろ考えられます。

このように見ると、図書館における語りは、まだまだ多様な可能性を持っており、議論を共有化することで、一層豊かな語りの〈場〉を作り上げることができると思われます。

参考文献

・根岸英之「地域の民話を題材に語ること」(『語りの世界』第三一号、語り手たちの会、二〇〇〇年)
・根岸英之「アンケート資料による子どもたちの〈口承文芸〉研究再考」(『〈口承〉研究の地平』「口承」研究の会、二〇〇一年)

メディアの中の昔話

青木俊明

一　はじめに

メディアの中の昔話を考えるときに、「メディア」とは何か、「昔話」とは何かをまず考える必要があります。

「昔話」については、柳田国男《やなぎた》以来の研究の蓄積がありますので、ここでは昔話の特徴として、次の二点を指摘しておきます。昔話は「むかしむかし、あるところに」などの決まり文句で始まり、時代をはっきり示しません。また、登場人物も出生や身体の特徴を名前としており、どこの出来事なのか場所も特定されません。したがって、昔話は、日本のどこで語られても、そのまま通用してしまうことになります。これが、昔話が人々に受け入れられた理由の一つだと考えられます。

一方、「メディア」とは、何なのでしょうか。メディアと聞くと、新聞やテレビをイメージする人も多いでしょう。そこで、辞書を調べてみると、「媒介。手段」と書いてあります。昔話は、声によって語られてきたのはもちろん、絵巻、教科書、歌、絵本、テレビアニメ、紙芝居などさまざまな手段を通じて伝えられてきました。ここでは、絵本、テレビアニメ、紙芝居を中心に、昔話がどのように取り上げられてきたのかを振り返ってみましょう。

二　昔話と絵本

昔話は、御伽草子《おとぎぞうし》という室町時代の絵入り物語までさかのぼることができ、古くから絵とともに鑑賞されてきました。それは、近代になっても変わらず、明治時代には博文館の「日本昔噺《むかしばなし》」シリーズ、大正時代には中西屋書店の「日本一ノ画噺《えばなし》」シリーズが巌谷小波《いわやさざなみ》を中心に作られました。第二次大戦前にも、「ニホンエホンブンコ」、「講談社の絵本」シリーズなど、たくさんの絵本が出版されてきました。このころは、教育勅語の影響からか、昔話に人間としてどうあるべきかといった道徳がすり込まれていました。

戦後、「桃太郎」が戦中に軍国主義教育に利用されたこともあって、しばらく敬遠されましたが、すぐに現代につながる新しい昔話絵本が生まれてきます。それまでも絵本作家は、もとになった昔話を書き換えていたのですが、その書き換えるという行為に自覚的になり、その際には柳田国男や関敬吾などの民俗学者の研究成果を参考にするようになりました。絵も印刷技術の革新によってにずいぶんと進化しました。昔話絵本が注目され、発展した背景には、昭和四〇年（一九六五）頃以降、家庭や地域で昔話を語り伝えることができなくなり、昔話の伝承がもっぱら絵本を用いてなされたということもあります。

この時期に、岩波書店や福音館書店、ポプラ社の絵本シリーズなどが刊行されました。これらの絵本は、有名な作家がストーリーを書いています。石井桃子は『ふしぎなたいこ』（岩波書店、昭和二八年（一九五三））、木下順二は『かにむかし』（岩波書店、昭和五一年（一九七六））、松谷みよ子は『さるかに』（岩崎書店、昭和四二年（一九六七））、『こぶとり』（講談社、昭和五三年（一九七八））を著し、たくさんの名作が生まれています。

また、『ふしぎなたいこ』『むかしむかし』の清水昆、『ももたろう』（福音館書店、昭和四〇年（一九六五））、『かさじぞう』（福音館書店、昭和四一年（一九六六））、『くわずにょうぼう』（福音館書店、昭和六〇年（一九八五））の赤羽末吉《あかば》、『さるかに』『こぶとり』『したきりすずめ』の瀬川康男など、有名な画家が絵を描いていて、それぞれ高い評価を受けています。

その他にも、大川悦生《えっせい》が文を書き、渡辺三郎が絵を描いた『さんねんねたろう』や、松居直《ただし》が文を書き、赤羽末吉が絵を描いた『だいくとおにろく』なども高い評価を受けています。そして、二一世紀を迎えた現在においても、福音館書店やポプラ社をはじめ、童心社、佼成出版社などたくさんの出版社から昔話絵本が出版され、子どもたちに読まれています。

これまでは、絵本だから子ども向けだろうと軽く見られていたり、著名な画家が絵を描いていたりすることから、昔話絵本に対する評価が変わり、研究対象として見直されつつあります。しかし、民俗学の研究成果が反映されていましたが、二一世紀を迎えた今では本を集めた子ども図書室を設置して、昔話絵本を収集し、資料の貸し出しや情報を発信するなど、新たな動きが出てきています。公立の図書館でも、絵

三　昔話と紙芝居

昔話は、紙芝居でも語られました。紙芝居の歴史は古く、明治時代初期から今の紙芝居の原型

となる物が始まり、昭和五年（一九三〇）には箱の中にストーリーを説明するための絵を入れ、順番にめくりながら話を語る今日まで続いているスタイルが生まれたといわれています。当時の紙芝居屋は、街頭をまわって、子どもに駄菓子を売るために紙芝居を演じていました。これらの紙芝居は内容が刺激的すぎて、教育上問題があると批判されたこともありましたが、子どもたちには愛されていました。

このように教育には向かないと思われていた紙芝居ですが、高橋五山によって、学校にも取り入れられるようになりました。高橋は昭和一〇年（一九三五）に教育紙芝居として「幼稚園紙芝居」の出版を始め、昔話からも『花咲ぢぢい』や『オムスビコロリン』を選び、学校教育に取り入れました。

第二次大戦中、そして戦後としばらく紙芝居にとって不幸な時代がありましたが、昭和二五年（一九五〇）には、街頭紙芝居が復活しました。また、昔話をもとにした紙芝居は、童心社の「劇遊びシリーズ」があります。「劇遊びシリーズ」には、稲庭《いなば》桂子が脚本を書き、小谷野半二が絵を描いた『うらしまたろう』（昭和三二年（一九五七））や同じく稲庭が脚本を書き、川本哲夫が絵を描いた『ももたろう』（昭和三二年）などがあります。また、昭和三六年（一九六一）に童心社から「紙芝居にっぽんのみんわ」が出版され、昭和四五年（一九七〇）から四八年（一九七三）にかけて「松谷みよ子民話珠玉選」が童心社から出版されました。このシリーズには、『うりこひめとあまのじゃく』『したきりすずめ』『くわず女房』などの名作があり、当時の子どもたちに人気がありました。

この後、当時の文部省の方針もあり、学校教育から紙芝居はなくなり、出版社も童心社を除いて、紙芝居からだんだんと遠のいていきました。しかし、現在でも紙芝居は子どもたちに愛されています。幼稚園や保育園では紙芝居が積極的に利用されていますし、また公立の図書館や公民館では、語りの会などで積極的に紙芝居が利用され、子どもたちに人気のある催し物となっています。

紙芝居は、かつては教室、今は図書館や公民館など複数の聞き手を対象として演じられ、感動も複数で分かち合えるところにその魅力があります。

四　「まんが日本昔ばなし」人気の理由

昔話は、テレビアニメにもなりました。中でも毎日放送が制作した「まんが日本昔ばなし」は、おじいちゃん、おばあちゃんから小さな子どもまで家族全員が楽しめる番組として、とても人気がありました。この番組は、次のように三期に分けて放送されました。

第一期　毎日放送・NET（現・テレビ朝日）系　火曜日一九時から
　昭和五〇年（一九七五）一月七日～三月二五日

第二期　毎日放送・TBS系　土曜日一九時から
　昭和五一年一月三日～平成六年（一九九四）九月二四日
（平成六年四月九日からは毎週土曜日夕方一七時～一七時半）

第三期　毎日放送・TBS系　水曜日一八時五五分から
平成一七年（二〇〇五）一〇月一九日～平成一八年（二〇〇六）九月一三日
（第三期は、初期の作品で商品化されていないもののデジタルリマスター版）

三期とも、毎週三〇分で昔話を二話紹介する形式をとり、声優は市原悦子と常田《ときた》富士男二人のみという独特のスタイルでした。放送時間がいわゆるゴールデンタイムであったことからも、この番組がいかに人気があったかわかります。

また、この番組は、「文化庁こども向けテレビ用優秀映画」を昭和五一年度から平成五年（一九九三）度まで連続して受賞し、「文化庁・優秀映画作品賞（こども向けテレビ用映画部門）」を第一回から第四回まで連続受賞したことから分かるように、大人からの評価がとても高い番組でした。

大人がこの番組のどこを評価していたのかは、平成一八年九月の放送終了に対して、毎日放送のウェブページに書き込まれたメッセージから知ることができます。寄せられたメッセージには、この番組が親子のコミュニケーションのきっかけになったというものがありました。また、昔話が教訓や道徳を伝えていることに価値を見出したメッセージもありました。こういったメッセージは、番組が終了してから数ヶ月経った今でも多数寄せられています。

これらのメッセージから、二一世紀を迎え、ますます核家族化が進み、昔ながらの家族のコミュニケーションが成立しにくくなっている中で、この番組が親子の団らんにいかに大きな役割を果たしていたのかが分かります。また、道徳や倫理といった人として大切なことが軽視される時代になっているからこそ、大人は昔話の教訓性に注目し、高い評価を与えていることが分かります。

五　まとめ

こうしてみると、現在においても、絵本、紙芝居、アニメと多様な手段で昔話が語られており、それぞれにおいて高い評価を得ていることが分かります。ところで、偶然にも、今回取り上げたメディアでは、すべて昔話が絵とともに鑑賞されます。

では、なぜ昔話は絵とともに鑑賞されるのでしょうか。様々な理由が考えられますが、ここでは一つの考え方を紹介しておきます。昔話は、「むかしむかし、あるところに」で始まり、時間も場所も明示されません。しかも、主人公についての情報も、それほど多く読者に提供されません。ですから、読者がその足りない部分を想像するしかないのですが、場所も時間も分からないことを想像するのにも限界があります。

まして、昔話で語られる世界は、現在の子どもには想像できないでしょう。現代の子どもたちは、山へ柴刈りにの柴が分からなかったり、なぜおばあさんが川へ洗濯に行くのかといったことも分からない、また、火鉢や臼《うす》、いろりも分からないでしょう。これは現在の私たちの生活からはなくなってしまったものですから、子供たちが知らなくても当然です。

このような問題を解決するのが、映像の力です。昔話を理解する上で欠かせない生活についてのこれらの知識をアニメや絵が表現し、子どもたちが昔話の世界をイメージするのを助けてくれているのです。映像の力を借りて、子どもたちは昔話に描かれた今とは違う生活の方法を知り、昔話の世界を楽しんでいるのです。

参考文献

・野村純一・佐藤凉子・大島廣志・常光徹編『昔話・伝説小事典』みずうみ書房、一九八七年
・日本民話の会編『ガイドブック　日本の民話』講談社、一九九一年
・鳥越信編『はじめて学ぶ日本の絵本史』ミネルヴァ書房、二〇〇二年
・石井正己『図説日本の昔話』河出書房新社、二〇〇三年
・毎日放送「まんが日本昔ばなし」お便りコーナー　http://www.mbs.jp/anime/mukashi/

「昔話」の手引きブックガイド

多比羅　拓

一　「昔話」を読もう

「桃太郎」、「浦島太郎」、「猿蟹合戦《さるかにがっせん》」……小さい頃に読んだ昔話の数々。あらためて読み返してみようとなれば、本屋さんや図書館へ行けば比較的容易に見つけることができます。場合によっては、小さいときに読んだものとまったく同じ絵本が今でも読まれているかもしれません。そのような懐かしさに浸りながら、逆に、自分が読んできた話と少し違う内容だと感じることもあるかも知れません。二〇年、三〇年単位でそうなのですから、一〇〇年、二〇〇年という単位で見たらどうでしょうか。

ご存知の通り「昔話」は古くから語り継がれ、読まれ継いできた話ですから、江戸時代やもっとさかのぼった鎌倉時代の古典にも、これらの昔話を見出すことが出来ます。たとえば鎌倉時代の『宇治拾遺物語』には、「こぶ取り爺さん」や「わらしべ長者」の話を収めます。特に有名なのは室町時代の「御伽草子《おとぎぞうし》」で、「浦島太郎」や「一寸法師」の話などがあります。これらは「奈良絵本」といわれる絵本の形にもなり、庶民にも親しまれました。

◆『宇治拾遺物語』（『新編日本古典文学全集〈50〉』、小学館　ほか）

◆『御伽草子集』(『新潮日本古典集成』、新潮社　ほか)

◆石井正己『図説　日本の昔話』(河出書房新社)

おなじみの昔話が、それぞれ実際にどのようなかたちで親しまれてきたのかがよくわかります。

◆巌谷小波《いわやさざなみ》『日本昔噺《むかしばなし》』(平凡社)

石井正己『図説　日本の昔話』は室町時代から明治時代までの昔話絵本を多数紹介しています。巌谷小波『日本昔噺』は明治時代に、巌谷小波が児童向けに書き直したものです。現代の一般的な「昔話」像に大きな影響を与えたと考えられます。

さて、昔話についての関心や知識が深まると「昔話についてもっと知りたいのですが、どうすればよいのですか」という疑問が出てくるのではないかと思います。

いちばん良いのは、実際に足を運んで昔話を聴くこと、そして語り部の方々と直接お話しすることです。けれども、地理的にも時間的にも足を運ぶことができない場合が多いでしょう。また、語り部さんの話を聞いた上で、昔話についてもう少し踏み込んで知識を深めたいという場合もあるかも知れません。そこで、昔話について知識を深めるための書籍を紹介していくことにします。なお、ここでは「昔話」を主な対象とし、「民話」などについては最後に触れることにします。

「昔話」を読もうとしたときに最初に悩むのは、「なにから読めばよいかわからない」ということではないでしょうか。まず、「昔話」の歴史のなかから記念碑的な作品をいくつか紹介します。

◆柳田《やなぎた》国男『遠野物語』(角川文庫　ほか)

◆佐々木喜善《きぜん》『聴耳草紙《ききみみぞうし》』(ちくま文庫)

◆鈴木サツ・小澤俊夫『鈴木サツ全昔話集』（福音館書店）

柳田国男の『遠野物語』は厳密には「昔話」集ではありません。『遠野物語』の中で「昔話」は「昔々」とされる「ヤマハハ」の話（一一六、一一七）だけなのです。柳田自身がその重要性に気づくのは少し後のことなのですが、この話から日本の「昔話」の世界が発見されることになります。

この『遠野物語』の話を柳田に語ったのが、遠野郷土淵《つちぶち》村（現岩手県遠野市）出身の佐々木喜善です。佐々木は後に「日本のグリム」と言われるようになりますが、柳田の影響の下で「昔話」に価値を見いだし、聴き書きを始めました。佐々木は生涯で五冊の昔話集を著しましたが、『聴耳草紙』はそのなかで最後に出版した本で、集大成とも言える本です。また同じく佐々木の『老媼夜譚《ろうおうやたん》』（『佐々木喜善全集Ⅱ』所収）は、辷石《はねいし》谷江という語り手の老婆を意識したつくりになっているのが特徴です。

鈴木サツさんは遠野の人で、ラジオやテレビで昔話を語るなど現代の語り部の第一人者として大きな功績を残しました。他にも『遠野むかしばなし』『続・遠野むかしばなし』（熊谷印刷出版部）があります。鈴木サツさんは残念ながら亡くなられましたが、妹の正部家《しょうぶけ》ミヤさんも語り部として活躍しており、『正部家ミヤ昔話集』（古今社）、『続・続遠野むかしばなし』『第四集遠野むかしばなし』（熊谷印刷出版部）があります。

「昔話」を読もうと思うと、ついつい『日本の昔話』のような本をさがしてしまうかもしれません。元来、昔話は語り手のおじいさんやおばあさんの話を聴くものでした。柳田国男が佐々木喜善の話を聴き、佐々木喜善が辷石谷江の話を聴いたように、また現代の語り部・鈴木サツさんの語りをイメージできる、そんな本に向き合ってみるのはいかがでしょうか。

一方、右に挙げたような昔話集にも限界はあります。ひとりの語り手が語れる昔話には限りがあるからです。そこで、日本全国から集められた昔話が手軽に読めるものを次に紹介してみましょう。

◆関敬吾編『日本の昔ばなし』Ⅰ〜Ⅲ（岩波文庫）

◆稲田浩二編『日本の昔話』上・下（ちくま学芸文庫）

◆稲田浩二編『日本昔話百選』（三省堂）

これらの本には日本全国の昔話が収められており、「桃太郎」や「こぶとり爺さん」などのなじみ深い昔話も入っています。

最後に少し専門的な立場から日本全国の昔話を読んでいると、自分の知っている話と同じであったり、違っていたりということがよくあります。自分の知らない昔話がどれだけあるか、どの地方にどんな昔話があるのか、という問いは、どこに自分か知っているのと同じような昔話があるのか、という問いでもあったのです。柳田国男は日本各地の昔話の聴き書きに際し、非常に詳細な手順を示し、後の比較や分類がなされやすいように工夫しました。

この昔話を比較・分類するという視点は、関敬吾・稲田浩二らにより欧州の「タイプ・インデックス」という概念が取り入れられ、より具体的に研究されました。そして、最近では諸外国の昔話との比較・分類を意識したタイプ・インデックスづくりという形で結実しています。より精密な分類に基づいた「昔話」の全貌について知りたいということであれば、次に挙げる昔話集成を見てはいかがでしょうか。

◆柳田国男編『日本昔話名彙』（日本放送出版協会）

◆関　敬吾編『日本昔話大成』全一二巻（角川書店）

◆稲田浩二編『日本昔話通観』全二九巻（同朋舎）

このうち『日本昔話大成』『日本昔話通観』は、いずれも大著ですので、公共図書館などでさがすのがよいでしょう。

二　「昔話」とは何か

さて昔話の本をいくつかあげてみましたが、「昔話」とはいったい何なのか、ということについて考えてみましょう。

日本の昔話研究は柳田国男の働きかけから始まりました。今いうところの昔話の「桃太郎」や「猿蟹合戦」自体は、もちろん古くからあったものです。しかしそれらは「昔話」ではなく、「御《お》伽《とぎ》ばなし」「童話」などと呼ばれていました。これらを「昔話」という語を使って研究の対象とし、全国の昔話の聴き書きを促したのが柳田国男だったのです。柳田の考えは以下の本で知ることができます。

◆柳田国男『昔話と文学』（『柳田国男全集9』所収、筑摩書房）

◆柳田国男『桃太郎の誕生』（『柳田国男全集6』所収、筑摩書房）

◆柳田国男『昔話覚書』（『柳田国男全集13』所収、筑摩書房）

柳田が本格的に「昔話」と向き合うようになってから八〇年近く経っているので、進展している部分もあり、新たな課題もあります。現代の昔話のあり方について、これまでの経緯を踏まえてわかりやすく書かれているものを四点紹介します。

◆稲田浩二編『日本昔話ハンドブック』（三省堂）

◆稲田浩二編『世界昔話ハンドブック』（三省堂）

◆小澤俊夫『昔話入門』（ぎょうせい）

◆遠野物語研究所編『遠野物語ゼミナール'99　昔話の世界—その歴史と現代—』（遠野物語研究所）

『日本昔話ハンドブック』『世界昔話ハンドブック』の編者である稲田浩二は『日本昔話通観』の編者でもあり、昔話の話型の分類や比較の研究に長く携わってきました。そのような観点から、日本の昔話、世界の昔話の中から代表的なものの紹介を中心に、昔話についての基本的な事項について網羅されています。

小澤俊夫はグリム童話など独文学と昔話を専門としており、海外の昔話と日本の昔話の共通点や相違点などを踏まえた上で、昔話とは何かを解きます。特に昔話の語り口についての分析に力点を置いています。入門書としては『昔ばなしとは何か』（福武文庫）もありますが、入手が難しいようです。

遠野物語研究所編『遠野物語ゼミナール'99　昔話の世界—その歴史と現代—』は「昔話の復権

—その現代的意義」（後藤総一郎）、「昔話の可能性」（小澤俊夫）、「昔話と佐々木喜善」（石井正己）、「昔話の発生」（三浦佑之）、「遠野の語り部として」（語り部　阿部ヤヱ）などが収められています。口承文芸・昔話研究の第一線の研究者による講演・講義を元にしているため、平易な語り口でありながら充実した内容となっており、現段階での昔話研究の到達点、あるいは今後の問題を知るのに格好の一冊です。

こうした柳田以後の「昔話」の内容についてもう少し学問的に裏付けたい場合は、専門の事典類にあたってみるのもひとつです。

◆稲田浩二編『日本昔話事典』（弘文堂）

◆野村純一編『昔話・伝説必携』（學燈社）

◆野村純一他編『昔話・伝説小事典』（みずうみ書房）

「昔話」という用語が立てられた意義や、「昔話」の定義については右でつかむものとして、もう少し上の次元から、すなわち「物語」のなかに「昔話」がどのように位置づけられているかを見てみることにしましょう。「木を見て森を見ず」ではありませんが、「昔話」というものの位置を見失わないためにも必要な切り口ではないかと思います。これについては、石井正己・藤井貞和・兵藤裕己の著作を紹介します。

◆石井正己『物語の世界へ　遠野・昔話・柳田国男』（三弥井書店）

◆藤井貞和『物語理論講義』（東京大学出版会）

◆兵藤裕己『物語・オーラリティ・共同体―新語り物序説』（ひつじ書房）

いずれも専門は日本文学ではありますが、伝承に関わりの深い「口承文芸」「民俗学」との接点を持ちやすい昔話研究において、視野を広げる意味でも一読の価値のある書籍です。

三　「昔話」の研究

昔話は私たちにとってどのような意味を持っているのでしょうか。さまざまな学問分野から昔話は研究されてきました。その中からいくつかを紹介します。

◆石井正己『遠野の民話と語り部』（三弥井書店）

遠野は『遠野物語』の舞台になった土地で、現在ではとおの昔話村（遠野昔話資料館、遠野物語研究所を併設）をはじめ、伝承園などの施設も整い、語り部の活動も盛んで、全国的にも「民話のふるさと」として知られた特殊な位置づけにあると言えます。しかし遠野が『遠野物語』発刊後から一貫して「昔話」に積極的に関わってきたわけではありませんでした。この「遠野」と「昔話」「民話」との関わりを中心に、その意義について考えます。そして、この問題は遠野に限定された視点ではなく、日本の「昔話」の今後を考えることにも繋《つな》がるはずです。

◆柳田国男『桃太郎の誕生』（『柳田国男全集』所収）

◆野村純一『新・桃太郎の誕生　日本の「桃ノ子太郎」たち』（吉川弘文館）

◆滑川道夫『桃太郎像の変容』（東京書籍）

◆神立幸子『日本の昔話絵本の表現―「かちかち山」のイメージの諸相』（てらいんく）

昔話のなかでいちばん有名で、その筆頭にあげられるのは「桃太郎」でしょう。昔話は非常に多くの研究書で取り上げられています。柳田国男『桃太郎の誕生』は「五大御伽噺」のうち、「瘤取り爺さん」、「かちかち山」、「舌切り雀」、「猿蟹合戦」の四つまでが世界共通の要素を持つのに対し、「桃太郎」が固有の様式を持つことに着目し、「小さ子」の存在を指摘しながらその起源や派生を考察しました。「瓜子姫」や「一寸法師」、「田螺の長者」などの話もその関連のもとに説明します。野村純一『新・桃太郎の誕生』は全国で採集されたさまざまなヴァリエーションの「桃太郎」について紹介しています。

滑川《なめかわ》道夫『桃太郎像の変容』は、少々色合いが異なりますが、昔話の「桃太郎」が近代以降の社会のなかでどのように人々に解釈され、あるいは意図的な改変がなされていったかを研究したものです。神立幸子《かんだつゆきこ》『日本の昔話絵本の表現―「かちかち山」のイメージの諸相』も「かちかち山」について、絵本の絵から時代による違いやそのメッセージ性の変遷を明らかにします。この二冊は昔話や昔話絵本のあり方を考えさせるものとして興味深い話題を提供しています。

◆野村純一『昔話の森　桃太郎から百物語まで』（大修館書店）

伝承文学の立場から。説話の起源について、南島や天竺《てんじく》・震旦《しんたん》などを視野に入れながら、またグリム童話が寺において受容されたことなどを紹介しながら、その伝播や変遷の過程を考えます。「桃太郎」をはじめ、ほととぎすや犬、鼠、田螺《たにし》など動物の昔話を多く扱っています。

◆五来重『鬼むかし　昔話の世界』（角川選書）

宗教民俗学の立場から。昔話の背後にある宗教的要素――霊魂、神、他界への観念など――を、古典芸能や説話、修験道（山伏）の儀礼などから明らかにしようとするものです。鬼や天狗、天邪鬼《あまのじゃく》などの実在しない霊物を主題とした話が素材になっています。

◆桜井徳太郎『昔話の民俗学』(講談社学術文庫)

民俗学の立場から。「昔話」の世界についてその本質を考察したものです。異境譚・小子譚・遊魂譚・笑いばなし・動物昔ばなしに分類し、そこに属する昔話を紹介しながら「昔話」に共通する民族性や民俗について解説します。「昔話」とは何か、「昔話」を研究するために必要なことなどについても丁寧に説明されています。

四 「民話」について

柳田は「昔話」と「民話」「童話」「伝説」とを厳格に区別しました。現代においては、非常に曖昧《あいまい》に使われているようですが、やはりことばが違う以上その定義も異なり、厳密には区別されなければなりません。

しかし、公共図書館などでは「民話」の棚に「昔話」が分類され、「日本の民話」という本に多く昔話が収められています。それなので、実際に本をさがす際には、〈昔話〉だけではなく〈民話〉でも調べてみる必要があるでしょう。

また、昔話のなかでも「再話」とされているものがあります。これは、その本の著者が書く段階であらたに脚色や再構成をしているもので、昔話の語り手による話を直接に筆録したものではありません。

「昔話」ひとつを取り上げるにしても、歴史、定義、記述方法など非常に複雑な問題を抱えているのが事実です。その用途に合わせて間違いなく本を選んでいただき、昔話の世界の魅力を感じていただければ幸いです。

参考文献

ここには、昔話を語り聞かせる、昔話を読み聞かせる際に参考になると思われる図書を厳選して、ここに一〇冊紹介することにしました。書名だけでは内容がわかりにくいので、主な目次を載せてあります。配列は発行年順になっています。（石井）

①矢口裕康『昔ばなしと幼児教育　増補改訂』（鉱脈社、一九八五年）
Ⅰ　語りをめぐって／Ⅱ　民話の再検討／Ⅲ　民話の主人公／Ⅳ　民話の魅力／Ⅴ　絵本・昔ばなし・テレビ／Ⅵ　民話の世界／Ⅶ　民話の復活

②マックス・リュティ著・小澤俊夫訳『昔話　その美学と人間像』（岩波書店、一九八五年）
日本語版への序　マックス・リュティ／第一章　美しさと美しさから受ける衝撃／第二章　様式と構成《コンポジション》／第三章　技術的手段と芸術的効果／第四章　モティーフとテーマの遊び／第五章　人間像

③櫻井美紀『子どもに語りを』（椋の木社、一九八六年）
刊行によせて　金沢嘉市／第一章　耳から聞くことばの楽しさ／第二章　ことばのリズム・子どものリズム／第三章　子育てのなかで語ってほしい四つの分野／第四章　子育てのなかでどのように語るとよいのか／第五章　いろいろな語りの場／第四章　今、語ることの意味

④三宅邦夫『伝承話による子育て　現代家庭教育新書123』（明治図書、一九八八年）

第一部　伝承話による子育て／一　伝承のなかで育つ愛／二　お母さんの語りのなかで育つ子ども／三　親と子のふれあい／四　親・子・孫　三世代をつなぐ伝承／五　「伝説」はみんなの宝／六　テレビゲームに心はない――伝承文化を見直す／第二部　子どもたちへ語り伝えたい話――各地に残る伝承話から　乾侑美子

⑤日本昔話学会『昔話と子ども――昔話の研究と資料第二〇号――』（三弥井書店、一九九二年）

〈シンポジウム〉はじめに　斎藤寿始子／子どもの暮らしとことば　中島恵子／ベッテルハイムの昔話論

⑥マックス・リューティ著・野村泫訳『昔話の本質と解釈』（福音館書店、一九九六年）

第一部　昔話の本質―むかしむかしあるところに―／第一章　いばら姫　昔話の意味と外形／第二章　眠る七人の聖者　聖者伝―伝説―昔話／第三章　竜殺し　昔話の文体／第四章　地の雌牛　昔話の象徴的表現／第五章　生きている人形　伝説と昔話／第六章　動物昔話　自然民族の物語／第七章　ラプンツェル　昔話は成熟の過程を描いたものである／第八章　謎かけ姫　策略、諧謔、才智／第九章　昔話の主人公　昔話の描く人間像／第十章　文学における奇蹟／第二部　昔話の解釈―今でもやっぱり生きている―　第一章　七羽の烏／第二章　白雪姫／第三章　金の毛が三本ある悪魔／第四章　死人の恩返し／第五章　賢いグレーテル、仕合せハンス、賢いエルゼ／第六章　偽の花嫁と本当の花嫁、けもの息子とけもの婿／第七章　昔話に登場する人と物／第八章　昔話の語り口

⑦小澤俊夫『昔話が語る子どもの姿』（古今社、一九九八年）

第一章　昔話が語る子どもの成長／第二章　昔話は残酷か／第三章　現代人が昔話から受けとるもの／第四章　お話は想像力を要求する

⑧藤本朝巳『子どもに伝えたい昔話と絵本』（平凡社、二〇〇二年）
一　日本の昔話にみる伝承の知恵／二　昔話の主人公はなぜ成功するのか／三　ロシアの昔話絵本（一）『おだんごぱん』の語り／四　ロシアの昔話絵本（二）『てぶくろ』の秘密／五　グリム童話絵本（一）　余白と描き込まれた細部／六　グリム童話絵本（二）　小さな人間と大きな小人――カトリーン・ブラントの『こびととくつや』――

⑨日本昔話学会編『昔話と子育て――昔話の研究と資料第三〇号――』（三弥井書店、二〇〇二年）
〈特集〉子育ての伝統と現代　大島建彦／子どもは昔話が大好き　立石憲利／昔話と子どもたちの幸せな出会いを願って　佐藤涼子／家の語りムラの語りの効用と昔話の再創造　吉川祐子

⑩櫻井美紀『ことばが育てるいのちと心』（一声社、二〇〇二年）
ことばの深い意味と隠れた力　佐藤さとる／第1章　子どもの成長とことばの力／第2章　こんなときにはこんなことばを／第3章　本のことばが育てるもの

三浦佑之（みうら・すけゆき）
千葉大学教授（文学部長）・遠野物語研究所客員研究員。日本古代文学・伝承文学専攻。著書に、『村落伝承論』『浦島太郎の文学史』（ともに五柳書院）『口語訳古事記　神代篇』『同　人代篇』（文春文庫）『日本古代文学入門』（幻冬舎）のほか、近著に『古事記のひみつ』（吉川弘文館）『古事記を旅する』（文藝春秋）がある。

野村敬子（のむら・けいこ）
主婦。民話研究者。國學院大學栃木短期大學講師。主婦としての生活感覚に根ざす民話研究をモットーにする。女性民俗と民話研究から、出産の伽における民話の機能を抽出、『真室川の昔話　鮭の大助』を編む。農山海村の嫁不足から生じた外国人花嫁に注目した『山形のおかあさん　オリーブさんのフィリピン民話』他。近年は『渋谷ふるさと語り』『東京江戸語り』他、民俗社会中心の民話研究から大都市の人々の口承にも注目する。

杉浦邦子（すぎうら・くにこ）
昔語りの研究と実践・ふきのとう主宰。子ども文庫活動を通して、都市における昔話の語りに出合う。その後、各地の民話採訪を重ねて、現代の昔語りや語り手と聞き手の研究を目指す。編著書に『語りおばさんのインドネシア民話』『ふるさとお話の旅⑦愛知　奥三河あんねぇおっかさんの語り』（以上星の環会）『土田賢媼の昔語り―口から耳へ耳から口へ―』（岩田書院）がある。

根岸英之（ねぎし・ひでゆき）
市川市文学プラザ司書。市川民話の会事務局。昭和43年、千葉県生まれ。小学生時代から地域の古老に民俗を聴いて回り、國學院大學文学部及び同大学院博士課程（前期）にて口承文芸専攻。平成６年から、市川市中央図書館司書として郷土資料サービス、児童サービスなどを担当後、文化行政担当課へ配属。市川民話の会会員として、地域の民話の語りや講座活動などを行う。携わった図書に『市川の伝承民話』『目からウロコの民俗学』など。

青木俊明（あおき・としあき）
東京学芸大学大学院修士課程を修了し、現在は静岡県立伊東高等学校に勤務。大学院時代に軍記物語を研究する一方で、『遠野物語』の研究も行う。口承文芸に関わる論文に、「『遠野物語』における固有名詞についての一考察」がある。また、『遠野物語辞典』の編集にも携わる。

多比羅拓（たひら・たく）
八王子高等学校教諭。日本文学を専攻し、石井正己・青木俊明らと『遠野物語辞典』の編纂に携わる。「鷺流狂言伝書保教本の注記に関する考察」（『学芸国語国文学』第48号）などの論文がある。『遠野物語』、狂言の台本、落語の速記本など口承と書承に思いを馳せつつ、演劇部では台詞の余白の可能性に日々感嘆している。

講演者・執筆者紹介

岩崎京子（いわさき・きょうこ）

大正11年、東京生まれ。昭和25年から児童文学創作を志す。昭和50年、家庭文庫「子どもの本の家」を開設、現在に到る。著書『鯉のいる村』『花咲か』『久留米がすりのうた』『東海道鶴見村』『少女たちの明治維新』『子どものいる風景』『原爆の火』『びんぼう神とばけもの芝居』など多数の作品がある。野間児童文芸賞、芸術選奨文部大臣賞など受賞。

櫻井美紀（さくらい・みき）

語り手たちの会代表。幼い頃、大叔母の語る「舌切雀」を楽しみに聞いた。早稲田大学卒業後、毎日放送のアナウンサー、のちフリーアナウンサーとしても活動した後、家事・育児に専念。自宅に「ゆうやけ文庫」を開設、子どもたちに本の読み聞かせと語りを始める。各地の語りグループと交流のほか、世界のストーリーテラーとも交流を深め、現在、多方面で活躍中。著書に『子どもに語りを』『昔話と語りの現在』『ことばが育てるいのちと心』など。久留島武彦文化賞受賞。ホームページ「Storytelling World」で情報を発信。

佐藤誠輔（さとう・せいゆう）

遠野物語研究所研究員。主として遠野市内の小学校に勤務。退職後、『口語訳　遠野物語』を著して注目される。遠野物語研究所では、語り部教室、さらに昔話教室を主宰し、次の時代を担う語り部の育成に尽力してきた。著書に『口語訳遠野物語』『武田忠一郎小伝』『佐々木喜善小伝』『遠野の民話』『遠野昔ばなし』などがある。国語教育にも造詣が深く、俳句も作る。

渡部豊子（わたべ・とよこ）

昭和17年、山形県生まれ。自ら筆を執った編著に『十二の長嶺の昔――柴田敏子の語り』『昔話と村の暮らし――山形県最上郡旧萩野村』がある。近刊の井上幸弘・野村敬子編『やまがた絆語り』では、戦地の語り手・故新田小太郎から受け継いだ話を語っている。

阿部ヤヱ（あべ・やえ）

昭和９年、岩手県生まれ。わらべうたを得意とする一方、若いときから語り部としても活躍してきた。自ら筆を執った『人を育てる唄』『知恵を育てる唄』『呼びかけの唄』三部作の他、『「わらべうた」で子育て入門編』『「わらべうた」で子育て応用編』などがある。

高橋貞子（たかはし・さだこ）

大正15年、岩手県生まれ。岩泉の語り部の第一人者として知られ、編著『火っこをたんもうれ』『まわりまわりのめんどすこ』『昔なむし』を執筆した。近年も『河童を見た人びと』『座敷わらしを見た人びと』の著作で注目されている。世界民話博の折にも来遠。

正部家ミヤ（しょうぶけ・みや）

大正12年、岩手県生まれ。姉・故鈴木サツとともに語り部を始め、天皇・皇后両陛下にも昔話を語る。『続・続遠野むかしばなし』『第四集遠野むかしばなし』『正部家ミヤ全昔話集』のほか、ビデオやCDも多い。妹の菊池ヤヨ、須知ナヨも語り部。旅の文化賞受賞。

編者略歴

石井正己（いしい・まさみ）
東京学芸大学教授・遠野市立図書館博物館長・遠野物語研究所研究主幹。日本文学を専攻し、大学では古典文学を中心に授業を行う。口承文芸や柳田国男・佐々木喜善を考えるために、15年前から遠野に通いつづける。『遠野物語の誕生』『図説遠野物語の世界』『遠野の民話と語り部』『柳田国男と遠野物語』などを著してきた。今夏、『大人が楽しむ昔話の不思議』（講談社）を発刊の予定。

子どもに昔話を！

平成19年６月15日　初版発行
平成23年１月27日　第二刷発行

定価はカバーに表示してあります。

発行者　吉田栄治
発行所　株式会社三弥井書店
〒108-0073 東京都港区三田3-2-39
電話 03-3452-8069
振替 0019-8-21125

ISBN978-4-8382-3153-9 C0037　製版・印刷エービスシステムズ

シリーズ一覧

昔話を愛する人々へ

石井正己編　　1700円

お父さんやお母さんが子供に昔話を語り聞かせるのはなぜか。
昔話を通してコミュニケーション力を学び、言語・時空を超え、国際化社会の未来を考える。

【巻頭エッセイ】　思い出すままに（あまんきみこ）

ISBN978-4-8382- 3204-8

昔話を語る女性たち

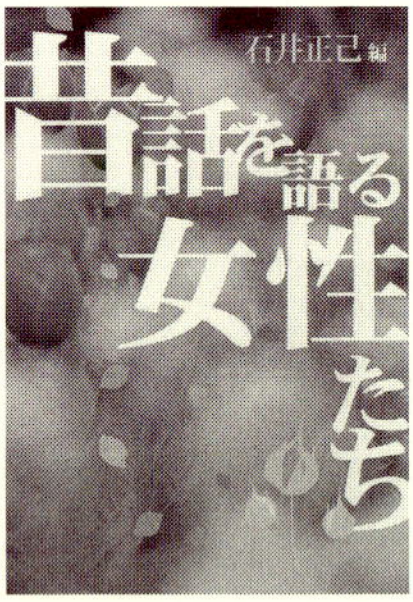

石井正己 編　　1700円

『子どもに昔話を！』の続編。
生命の営みとしての役割をも担う昔話と、生命を生み出す女性との間に流れる本質的なテーマを様々な切り口で考える。

【巻頭エッセイ】　幼い日の昔話（松谷みよ子）

ISBN978-4-8382- 3166-9

昔話と絵本

石井正己 編　　1700円

想像力や生きる力を育むために「語り」と「絵」の出会いはいかなる働きを持つのか。昔話と絵本の歴史・課題・展望を考える。

【巻頭エッセイ】　六角時計の話（池内紀）

ISBN978-4-8382- 3186-7